Fach-
buch
Klett-Cotta

Die Autorin

Marlis Pörtner, inzwischen über 80 Jahre alt, ist Psychotherapeutin und bis heute in der Fortbildung und Beratung sozialer Institutionen tätig. Sie ist Autorin mehrerer erfolgreicher Fachbücher über den Umgang mit behinderten und alten Menschen.

Marlis Pörtner

ALT SEIN IST ANDERS

Personzentrierte Betreuung von alten Menschen

Klett-Cotta

Klett-Cotta
www.klett-cotta.de

Printed in Germany
Umschlag: Bettina Herrman, Stuttgart,
unter Verwendung des Fotos lumamarin/photocase.de
Gesetzt von Dörlemann Satz, Lemförde
Gedruckt und gebunden von Esser printSolutions GmbH, Bretten
ISBN 978-3-608-96129-4

Fünfte Auflage, 2019

Bibliographische Information der Deutschen Nationalbibliothek
Die Deutsche Nationalbibliothek verzeichnet diese Publikation in der Deutschen Nationalbibliographie; detaillierte bibliographische Daten sind im Internet über <http://dnb.d-nb.de> abrufbar.

Inhalt

Einleitung

Warum ist alt sein anders? Wie anders? Anders als was?

Alt sein ist in vielerlei Hinsicht anders: anders, als wir es uns in jüngeren Jahren vorstellen, anders als bisherige Lebensabschnitte, anders für jeden Menschen und heutzutage anders als in früheren Zeiten. Das Bild vom Alter und die Möglichkeiten, die sich alten Menschen bieten, haben sich in den letzten fünfzig Jahren drastisch gewandelt. Gesellschaftliche und demographische Entwicklungen werden weitere Veränderungen mit sich bringen, die noch gar nicht abzusehen sind. Wir befinden uns mittendrin in diesem Wandel, und unsere Vorstellungen vom Alter sind ebenso geprägt von tradierten Bildern wie von neuen Perspektiven, die sich am Horizont abzeichnen.

Alt sein ist anders, als es die gängigen (alten und neuen) Klischees suggerieren. Das von den »jungen Alten«, an denen die Jahre nahezu spurlos vorübergegangen sind, die angeblich keinerlei Alterserscheinungen – wie Vergeßlichkeit, Verlangsamung, sich verändernde Interessen – bei sich feststellen, sondern fit sind wie eh und je, stimmt für mich ebensowenig wie das entgegengesetzte, wonach alte Menschen gebrechlich, leicht »gaga«, nicht auf der Höhe der Zeit, nicht mehr ganz ernst zu nehmen sind und auf Schritt und Tritt betuliche Ratschläge brauchen. Doch wie alle Klischees enthalten sie ein Körnchen Wahrheit. Alt sein bewegt sich – individuell verschieden – irgendwo zwischen den Extremen, enthält Spuren von beiden und ist zugleich für jeden Menschen eine ganz neue, einmalige und – eben – andere Erfahrung. Diesem vielschichtigen »anderen« will dieses Buch nachgehen.

Als die Idee an mich herangetragen wurde, ein Buch über personzentrierte Betreuung von alten Menschen zu schreiben, habe ich zuerst abgewehrt. Ich sah keine Notwendigkeit dafür, denn die in meinem Buch »Ernstnehmen, Zutrauen, Verstehen« (Pörtner 1996, 2004) beschriebenen Grundlagen und Richtlinien für den Umgang mit geistig behinderten und pflegebedürftigen Menschen gelten – etwas modifiziert – genauso für die Betreuung von alten Menschen, wie verschiedene Beispiele belegen. Doch je länger ich über den Vorschlag nachdachte, desto mehr reizte mich die Idee. Es waren da doch noch einige ganz spezifische neue Gesichtspunkte zu bedenken, während andere in diesem Zusammenhang weggelassen werden konnten. Die Grundlagen der Betreuungsarbeit sind dieselben, ob man es mit behinderten, kranken oder alten Menschen zu tun hat. Doch die Lebensthematik ist bei alten Menschen eine andere. Es ist eine Thematik, von der die Betreuenden selber betroffen sind, denn sie wird eines Tages auch die ihre sein. Menschen, die schon ein Leben hinter sich haben, auf dem letzten Abschnitt zu begleiten, stellt die tägliche Arbeit in eine andere Perspektive, als die Aufgabe, jüngere Menschen mit Behinderungen dabei zu unterstützen, sich im Leben zurechtzufinden und ihre beschränkten Fähigkeiten optimal zu entwickeln und einzusetzen. Doch auch Menschen mit geistiger Behinderung werden älter, deshalb werden einige Gedanken zu ihrem Altern den Abschluß dieses Buches bilden. Die besondere Situation von und mit demenzkranken Menschen wird bewußt nicht in einem speziellen Kapitel behandelt, sondern eingebettet in grundsätzliche Überlegungen zu Betreuung und Pflege, weil ich meine, daß auch demenzkranke Personen ganzheitlich gesehen und verstanden werden müssen. Die Grenze zwischen »normalen« altersbedingten Beeinträchtigungen und denen, die auf Demenz zurückzuführen sind, ist fließend, und sie können durch die Art und Weise der Pflege und Betreuung erheblich beeinflußt werden.

Da in diesem Bereich verschiedene Berufsgruppen tätig sind und hier nicht spezifische pflegerische oder therapeutische Konzepte entwickelt, sondern die Grundprinzipien dargestellt werden, die solchen Konzepten zugrunde liegen müssen, verwende ich die Begriffe »Betreuende« oder »Bezugspersonen« zusammenfassend für alle, die sich beruflich oder ehrenamtlich in unterschiedlicher Weise um alte Menschen kümmern. Ebenso beinhaltet der Begriff »Betreuung« sowohl pflegerische, therapeutische wie einfach unterstützende Tätigkeiten. Die männliche und weibliche Form werden abwechselnd verwendet oder, wo das möglich ist, mit einem Begriff bezeichnet, der beide Formen umfaßt.

Das vorliegende Buch beschreibt die Grundsätze der personzentrierten Arbeit und ihre Umsetzung im Alltag. Es beschäftigt sich mit der Thematik, die den letzten Lebensabschnitt prägt, und mit ihrer Bedeutung für die Begleitung von alten Menschen. Es wird aufgezeigt, inwiefern sich der personzentrierte Ansatz für die Betreuung von alten Menschen besonders eignet, wie er sich in der praktischen Arbeit konkret verwirklichen läßt und dazu beiträgt, die Lebensqualität alter Menschen zu verbessern und die Arbeit der Betreuenden befriedigender zu gestalten.

Aus der gemeinsamen Grundlage ergeben sich naturgemäß gewisse Überschneidungen mit den Inhalten von »Ernstnehmen, Zutrauen, Verstehen«. Ganz bewußt habe ich einige Beispiele daraus übernommen, die besonders deutlich veranschaulichen, worauf es bei der personzentrierten Betreuung und Begleitung von alten Menschen ankommt.

Da ich selber alt bin, bedeutete das Thema für mich, über das fachliche Interesse hinaus, eine Herausforderung, mich eingehend mit diesem Aspekt meiner Existenz auseinanderzusetzen. Deshalb stehen als Einstimmung einige persönliche Gedanken zum Thema am Anfang meiner Ausführungen.

Mein aufrichtiger Dank gilt allen, die direkt oder indirekt – in gemeinsamer Arbeit, im Gedankenaustausch oder indem sie mich an ihren Erfahrungen teilnehmen ließen – zum Entstehen dieses Buches beigetragen haben. Den Anstoß, es überhaupt zu schreiben, verdanke ich Andreas Amrein. Ihm und Roland Moser danke ich zudem für ihr Engagement, meine Konzepte in Aus- und Fortbildungen sowie Fachberatungen weiterzuvermitteln. Ursula Lesny danke ich für wertvolle Hinweise – und einmal mehr – den Mitarbeitern des Verlags Klett-Cotta, insbesondere Heinz Beyer, für die stets angenehme Zusammenarbeit.

Zürich, im März 2005 *Marlis Pörtner*

1 Alt werden ist eine seltsame Erfahrung – Persönliche Gedanken zum Thema

Warum seltsam? Ist alt werden nicht eine selbstverständliche und allen Menschen – sofern sie nicht jung sterben – gemeinsame Erfahrung? Altern beginnt mit der Geburt und endet mit dem Tod. Während des ganzen Lebens verläuft dieser Prozeß, den wir zu verschiedenen Zeiten unterschiedlich erleben. Als Kind kann das Älterwerden nicht schnell genug gehen, wir möchten endlich 10 oder 12 oder 16 oder 20 werden und können kaum erwarten, bis es soweit ist. In späteren Jahren ist es genau umgekehrt, die Zeit vergeht beängstigend schnell, rinnt uns gleichsam durch die Finger, und wir wünschten manchmal, wir könnten sie anhalten oder wenigstens ein bißchen verlangsamen.

Wann ist man »alt«? Mit 60, 70 oder 80? Das kommt ganz auf den Blickwinkel an. Als ich zwanzig war, gehörte zu der kleinen Truppe, mit der ich damals Theater spielte und einen großen Teil der Freizeit verbrachte, auch eine für unsere Begriffe schon sehr alte Kollegin, mit der wir uns »trotzdem« glänzend verstanden – sie war gerade mal 40! Heute sind 40-jährige für mich junge Leute. Doch selbst wenn »alt« ein relativer Begriff ist, läßt es sich weder wegdiskutieren noch aufhalten: Eines Tages sind wir wirklich alt. Das wissen wir, und wir wissen auch, daß wir uns rechtzeitig damit auseinandersetzen und darauf einstellen sollten. Und wir glauben – jedenfalls solange es noch in weiter Ferne liegt – gut vorbereitet zu sein und es bestimmt besser zu machen als so manche alte Menschen um uns herum, die (in unseren Augen) mit ihrem Alter schlecht zurechtkommen. Nun, wir wissen zwar, *daß* wir eines Tages alt sein werden, aber wir haben keine Ahnung, *wie* das für uns sein wird. Wir haben vielleicht gewisse

Vorstellungen davon, aber wenn es dann soweit ist, ist alles ganz anders.

In jüngeren Jahren war ich davon überzeugt, genau zu wissen, was zu tun sei und wie ich mich später einmal verhalten sollte. Ich würde den richtigen Zeitpunkt für den Rückzug bestimmt nicht verpassen, sondern mich frühzeitig (so mit sechzig, dachte ich damals!) im Altersheim anmelden. Keinesfalls wollte ich die gleichen Fehler machen wie meine Mutter, die mit über achtzig immer noch nicht einsehen wollte, daß sie jetzt alt war und etwas an ihrer Lebensweise ändern mußte, obschon es ganz offensichtlich nicht mehr so weitergehen konnte wie bisher. Doch merkwürdig – je älter ich wurde, desto ferner rückte dieser Gedanke. Inzwischen habe ich die 70 hinter mir und denke nicht daran, ins Altersheim zu ziehen, sondern bin fest entschlossen, diesen Schritt, wenn es irgendwie geht, zu vermeiden. Ich habe keineswegs das Gefühl, das Leben sei jetzt mehr oder weniger vorbei und die Zeit für den Rückzug gekommen. Die letzten Jahre haben mir im Gegenteil ganz neue Perspektiven eröffnet. Trotz verschiedener Beschwerden und Beeinträchtigungen, die das Alter so mit sich bringt, erlebe ich diesen Lebensabschnitt nicht primär als Abbau, sondern als eine Zeit der Veränderung, in der sich Werte wandeln, Gewichtungen verschieben, andere Schwerpunkte in den Vordergrund rücken und neue Horizonte sichtbar werden.

Gewiß, diese Zeit ist auch von Verlusten geprägt und mit Trauer verbunden: Nahe stehende Menschen sterben, vieles, was wichtig war, geht verloren oder verliert an Bedeutung. Das Schlagwort vom »Loslassen-Müssen« ist sehr real geworden. Und mit jedem Loslassen geht etwas zu Ende, das zuvor Bedeutung hatte, fällt etwas weg, was bisher zum Leben gehörte. Gewohntes und Vertrautes verändert sich oder ist nicht mehr möglich. Zugleich aber wird Raum frei, in dem Neues, Unbekanntes oder bisher nicht Geahntes entstehen kann. Loslassen bedeutet nicht nur Verlust, sondern auch Befreiung. Manchmal ist das eine stärker spürbar und manchmal das andere. Es gibt im Alter beides: hellere und dunklere Tage – genau wie in allen anderen Lebensabschnitten auch.

Was heißt eigentlich »alt«? Wir seien »älter«, nicht alt, korrigierte mich bis vor kurzem eine gleichaltrige Bekannte, wenn ich uns als »alte Damen« bezeichnete. Mit dieser Auffassung steht sie nicht allein. Ein Beamter, vermutlich in der Meinung höflich zu sein, gebrauchte kürzlich die Floskel »im höheren Mittelalter stehend«. Die Neigung, das Wort »alt« tunlichst zu vermeiden, als sei es ein Schimpfwort, ist sehr verbreitet. Statt dessen ist von »betagt« die Rede und von »Senioren«, was offenbar als weniger ehrenrührig angesehen wird. Manchmal wird das ominöse Wort »alt« derart blumig umschrieben, daß kaum mehr erkennbar ist, was eigentlich gemeint ist. Eine Verkäuferin in der Drogerie, die mir eine Gesichtscreme »für anspruchsvolle Haut« verkaufen wollte, geriet völlig aus der Fassung als ich sie fragte: »Heißt das für alte Damen?« Wenn der Arzt findet, für mein Alter sei ich noch gut beieinander, stört mich das nicht, sondern ich freue mich darüber. Andere in meinem Alter empfinden eine solche Aussage als Beleidigung.

Ich hingegen finde es diskriminierend, wenn das Wort »alt« vermieden oder darum herumgeredet wird, als sei es eine Schande, alt zu sein. Warum ist dieses Wort so verpönt? »Alt« bedeutet doch nichts anderes, als daß jemand eine Reihe von Jahren hinter sich hat und sich in einem späten Lebensabschnitt befindet. Darüber *wie* dieser Mensch ist, sagt das Wort nichts aus, weder über seine Fähigkeiten oder Unfähigkeiten noch über seinen geistigen oder körperlichen Zustand – es sei denn, es kommen uns bestimmte Vorstellungen in die Quere, die wir damit verbinden: alt gleich unbeholfen, inkompetent, wirr, unbedarft, hilfsbedürftig, zerstreut, leicht verblödet usw. Wenn hinter dem Wort »alt« solche und ähnliche Bilder stehen, bekommt es tatsächlich eine abwertende Bedeutung und wird verständlicherweise ängstlich vermieden. Viele alte Menschen haben selber diese negativen Bilder verinnerlicht und wollen deshalb um keinen Preis »alt« sein.

Zwar werden solche herabsetzenden Vorstellungen von kaum jemandem offen und bewußt vertreten, doch unterschwellig geistern sie in vielen Köpfen herum und beeinflussen den Umgang mit alten Menschen. Das bekam ich in den letzten Jahren immer wieder deutlich zu spüren, und es machte mir so richtig bewußt: »jetzt bin ich alt« – noch bevor ich mich eigentlich selber so fühlte. Auf einmal begannen manche Leute anders mit mir zu reden als bisher. Nicht von Menschen, die mir nahe stehen oder mit denen ich beruflich zu tun habe, doch bei kurzen, oberflächlichen Kontakten, auf der Straße, am Bankschalter oder im Supermarkt schlägt mir immer häufiger ein neuer, ungewohnter Ton entgegen: betulich, belehrend, wohlwollend von oben herab, so als wüßte ich nicht so recht, wie man – zum Beispiel – einen Brief frankiert, die Waage im Supermarkt bedient oder sich am Bankschalter zu benehmen hat.

Eine kleine Auswahl:

Ich will Geld abheben und habe die Bankkarte nicht bei mir. Ich sage das der jungen Frau hinter dem Schalter und zeige ihr meinen Ausweis. Mit tadelndem Blick fertigt sie mich ab, nicht ohne mich anschließend zu ermahnen: »Das nächste Mal bringen Sie aber das Kärtchen mit.« Oder: Vor mir werden an zwei Schaltern zwei Kunden bedient, hinter mir ist niemand. Ich stelle mich zwischen den Schaltern an, um dann zum ersten zu gehen, der frei wird. Tadelnd tönt es hinter dem Schalter hervor: »Stellen Sie sich bitte gerade in die Reihe.« Die zurechtweisende Dame ist erstaunt und pikiert, daß ich mir diesen Ton verbitte, und meine Frage, ob sie mit einem jungen Mann auch so reden würde, bringt sie vollends aus der Fassung. Oder: Beim Bezahlen an der Supermarktkasse fällt mir etwas zu Boden. Eine Frau, ich schätze sie Mitte 40, hebt es mir auf mit den Worten: »Da ist Ihnen etwas heruntergefallen, gute Frau.« Ich antworte: »Danke, gute Frau.« Worauf sie – immerhin – erschrickt und sich entschuldigt. Oder das bisher krasseste Erlebnis: In einer Gartenwirtschaft auf dem Land, wo ich mit der (noch etwas älteren) Frau Z. zu Mittag esse, erkundigt sich die Kellnerin: »Normalerweise servieren wir unseren Landwein gekühlt, dürfen wir das bei Ihnen auch? Ich meine wegen der Blase und so.«

Die zunehmende Häufigkeit solcher Erlebnisse hat mir klargemacht, daß ich inzwischen nach außen – jedenfalls bei flüchtigen Begegnungen – ein Bild abgebe, das nicht ganz mit meinem Selbstbild übereinstimmt: eine alte, etwas ungeschickte Frau, der nicht mehr allzuviel zuzutrauen ist. Jedes kleine Mißgeschick oder Versehen, das mir passiert – und sie passieren vermehrt, da mache ich mir nichts vor – bestätigt das Bild und scheint die Ermahnungen zu rechtfertigen. Nur: wenn mein Sohn seine Bankkarte vergißt, kommt niemand auf die Idee, ihn in dieser Art zurechtzuweisen, und wenn meiner Tochter etwas zu Boden fällt, wird sie nicht als »gute Frau« tituliert. Warum wohl?

Daß ich diesen Ton nicht einfach hinnehme, paßt offensichtlich überhaupt nicht ins Bild. Wenn ich die Leute – denen ihre Vorurteile meist gar nicht bewußt sind – darauf anspreche und mich dagegen verwahre, bringt es sie völlig aus dem Konzept und löst die unterschiedlichsten Reaktionen aus: ungehalten, betreten, wütend, abwehrend, aggressiv, beleidigt und manchmal auch beschämt.

Leider – ich sage es ungern, aber es ist so – sind es fast immer junge Frauen, die so mit mir reden, bei jungen Männern kommt es nur selten vor. Auf der anderen Seite ist mir kaum jemals ein Mann behilflich, den Koffer die Treppe hinauf- oder hinunterzutragen, wenn auf einem Bahnhof wieder einmal der Aufzug außer Betrieb ist oder das Rollband nicht funktioniert. Wenn überhaupt jemand Hilfe anbietet, dann ist es meistens eine junge Frau. Aber: ich habe inzwischen gelernt, daß es auch an mir liegt, wenn nötig um Hilfe zu bitten, und nie erfahren, daß sie abgelehnt wurde.

Es ist mir keineswegs unangenehm, wenn mein Alter bemerkt und in manchen Situationen darauf Rücksicht genommen wird. Im Gegenteil, ich bin oft froh, wenn mir etwas abgenommen oder Hilfe angeboten wird. Doch daß es mir schwerfällt, den Koffer die Treppe hinauf zu tragen, bedeutet nicht automatisch, daß ich auch schwer von Begriff bin. Nicht daß ich altersbedingte Veränderungen verkennen würde. Sie sind unübersehbar, und ich registriere sie sehr genau: Körperliche Kräfte nehmen ab, manches wird umständlicher, vieles geht nicht mehr so schnell, die Reaktionen werden langsamer, Hören und Sehen verschlechtern sich, die Geschicklichkeit läßt nach, Fehlleistungen und Vergeßlichkeit nehmen zu. Das alles ist hinderlich, zeitraubend und manchmal ärgerlich, aber nicht entscheidend für mein Lebensgefühl. Es sind lästige Randerscheinungen, mit denen ich leben muß. Sie sind mir oft unangenehm, verunsichern mich manchmal, aber sie machen nicht meine Identität aus. Das Ich-Gefühl wird nicht allein von der Gegenwart bestimmt, sondern von der gesamten Lebenszeit, das äußere Bild hingegen widerspiegelt das Hier und Jetzt. Wenn ich in den Spiegel schaue, sehe ich meine Großmutter, bevor ich – noch immer etwas erstaunt – realisiere: das bin ich. Das Spiegelbild stimmt nur bedingt mit meinem Körpergefühl überein, in welchem die im Laufe des Lebens erfahrenen Veränderungen zu einem Ganzen verschmelzen, das mehr umfaßt als nur das gegenwärtige äußere Bild. Zwischen der Selbstwahrnehmung und der Wahrnehmung von außen besteht eine Diskrepanz. Auch wenn der Abstand mit der Zeit kleiner wird und das äußere Bild nach und nach in die Identität einfließt: ein Unterschied bleibt bestehen.

Frau O. erlebt das so: »Ich sehe mich manchmal wie von außen, registriere das Verhalten und die Reaktionen einer alten Frau und denke, aha, so ist das jetzt. Doch irgendwie habe ich das Gefühl, das sei nicht wirklich ich.« Und Herr Q., weit über achtzig, sehr aktiv und geistig überaus rege, bringt sein Empfinden selbstkritisch und ironisch auf den Punkt: »Alt werden nur die anderen.«

Dennoch, das Lebensgefühl ist in diesen Jahren ein anderes als früher. Da ist zum einen eine viel größere Freiheit – innerlich wie äußerlich. Frau R. spricht von »Narrenfreiheit« und meint: »Früher empfand ich viel stärker den Druck von außen.« Diese Freiheit gegenüber früher finde ich wunderbar: nicht mehr so eingebunden sein in Verpflichtungen, weniger Rücksichten nehmen müssen, mich freier fühlen zu sein, wie ich bin. Das ist der eine prägende Aspekt meines gegenwärtigen Lebensgefühls, das zum anderen entscheidend beeinflußt wird durch

- die deutlich spürbare Begrenzung der noch verbleibenden Zeit,
- die Gewißheit des unaufhaltsam näher kommenden Todes,
- das ausgeprägte Bedürfnis nach Konzentration auf Wesentliches.

Diese Themen sind in meinem Alltag sehr viel stärker präsent als die durchaus auch vorhandenen kleinen Beschwerden und Beeinträchtigungen. Das schließt eine leise im Hintergrund lauernde Angst vor Demenz und Pflegebedürftigkeit nicht aus, die sich manchmal mehr, manchmal weniger bemerkbar macht.

Daß die begrenzte Zeit »sichtbar am Horizont steht« – um eine Formulierung von Ingeborg Bachmann (1953, S. 18) zu gebrauchen – ist eine treibende Kraft, die noch verstärkt wird von dem Gefühl, die Zeit vergehe immer schneller, und von der unterschwelligen Sorge, sie könnte nicht mehr reichen. Ich werde ungeduldig, wenn Projekte nur zögerlich vorankommen, Entscheidungen auf die lange Bank geschoben werden oder Pläne nur langfristig ins Auge gefaßt werden können. Ich weiß: was ich noch verwirklichen möchte, muß ich jetzt tun, ich kann es nicht aufschieben. Das ist für andere, die noch viel Zeit vor sich haben, oft schwer nachzuvollziehen. Auch für mich war bis vor kurzem das Gefühl vorherrschend: Was jetzt nicht geht, ist später noch möglich. Inzwischen ist »später« zu einem sehr unsicheren Faktor geworden. Doch andererseits weiß ich auch, daß sich im Leben nie alles verwirklichen läßt, daß immer etwas unvollendet bleiben wird. Das gibt mir eine Gelassenheit, welche die Ungeduld ausgleicht. Die beiden widersprüchlichen Gefühle ergänzen sich und halten einander in etwa die Waage.

Nicht nur, daß die Zeit immer schneller vergeht – sie schiebt sich auch in der Erinnerung immer näher zusammen. Wenn ich meine, etwas sei letztes Jahr gewesen, dann ist es meist schon zwei Jahre her. Und wenn ich denke: das war vor zehn Jahren, dann sind es zwanzig oder gar dreißig Jahre.

Die Gewißheit des unaufhaltsam näher kommenden Todes hat etwas seltsam Zwiespältiges. Daß wir eines Tages sterben müssen, ist ja das einzige, was im Leben ohne jeden Zweifel ganz sicher feststeht – und doch erscheint es immer unwirklicher, je näher es kommt. Mir geht es jedenfalls so. Der Verstand weiß, daß es so ist, doch das Gefühl kann es nicht wirklich fassen. Ich weiß, es wird mich in absehbarer Zeit nicht mehr geben, und das erfüllt mich manchmal mit einer gewissen Wehmut, aber so richtig vorstellen kann ich es mir nicht. Vielleicht hängt es damit zusammen, daß Sterben für jeden Menschen etwas vollkommen Neues, Unbekanntes, nicht Vorstellbares ist, eine ganz und gar einmalige Erfahrung, die wir nie vorher gemacht haben und nie wieder machen werden. Wir können auf nichts Bekanntes zurückgreifen, niemand kann uns sagen, wie das für uns sein wird. Auf der letzten Wegstrecke sind wir allein, auch wenn andere uns ein Stück weit zu begleiten versuchen.

Das Drängen der begrenzten Zeit und die Gewißheit des näherkommenden Sterbens verbinden sich mit dem starken Bedürfnis, mich auf Wesentliches zu beschränken. Ich möchte mich mehr und mehr auf das konzentrieren können, was mir wichtig ist und Freude macht, und mich nicht mit Nebensächlichem herumschlagen. Doch was ist in dieser Lebensphase wesentlich und was nebensächlich? Darauf gibt es keine allgemeingültige, sondern nur sehr unterschiedliche, individuelle Antworten.

Für mich, zum Beispiel, ist wesentlich, mit Menschen zu tun zu haben, mit denen ein wirklicher Austausch möglich ist. Es liegt in der Natur der Sache, beziehungsweise des fortschreitenden Alters, daß die nahe stehenden, über lange Zeit vertrauten Menschen, immer weniger werden. Es sind nicht mehr viele, zu denen ich sagen kann: »Weißt du noch?« Doch es gibt auch immer wieder neue, erfreuliche und anregende Begegnungen – vielleicht nicht allzuhäufig, weil die Ansprüche mit dem Alter wachsen und das Interesse an nichtssagenden Kontakten abnimmt. Um so kostbarer sind die, bei denen man einander wirklich begegnet. Das heißt nicht, daß es dabei immer um Tiefschürfendes gehen muß. Auch über alltägliche Dinge kann sich ein gutes Gespräch und ein sehr persönlicher Austausch entwickeln, wenn die Beteiligten von dem, was sie zur Sprache bringen, in irgendeiner Weise berührt sind. Und es kann sehr beglückend sein, mit Unbekannten im Vorübergehen ein paar belanglose Worte zu wechseln, wenn die Person spürbar wird, die dahinter steht.

Wesentlich ist für mich immer noch meine Arbeit, deren Schwerpunkt sich in den letzten Jahren von der therapeutischen und beraterischen Tätigkeit immer mehr auf das Schreiben verlagert hat. Das ist mir das Wichtigste geworden und, wie ich hoffe, noch lange nicht abgeschlossen. Daß ich dabei meine Zeit selber einteilen und das Arbeitstempo weitgehend selber bestimmen kann, ist ein großer Vorteil, eine Freiheit, die ich zu schätzen weiß und die es mir erleichtert, weiterhin tätig zu sein. Doch auch andere damit verbundene Verpflichtungen – Seminare, Vorträge, Fortbildungen –, die einen festen (und manchmal anstrengenden) zeitlichen Rahmen haben, nehme ich gerne wahr und möchte sie vorläufig noch nicht missen. Es ist eine große Befriedigung, zu erleben, wie das, was ich denke und vertrete, von anderen aufgenommen und umgesetzt wird. Es ist ein Ansporn, der ermutigt und anregt zum Weiterdenken und zu neuen Ideen. Und es tut gut, zu merken, daß solche anstrengenden Tage durchaus noch zu bewältigen sind. Allerdings ist die Ermüdung größer als früher, und die Erholung dauert länger. Deshalb dürfen sich solche Verpflichtungen nicht zu sehr häufen. Es ist wichtig (und oft schwierig), das richtige Maß zu finden und manchmal auch nein sagen zu können. Doch gar keine Verpflichtungen mehr zu haben, nur um mich selber zu kreisen, würde mich nicht befriedigen.

Viel eher als die Arbeit an sich werden mir die Begleitumstände mühsam: das Reisen, unterschiedlich angenehme Unterkünfte, die mancherorts trostlosen Frühstücksbuffets und Abendmahlzeiten. Wenn es irgendwie geht, versuche ich mir das Drum und Dran solcher Verpflichtungen so angenehm, unkompliziert und bequem wie möglich einzurichten. Das ist kein Luxus, sondern eine Notwendigkeit, wenn ich meine Energie für die Arbeit zur Verfügung haben und nicht in beschwerlichem Kleinkram erschöpfen will.

Das Bedürfnis nach Wesentlichem und die Abneigung gegen Nebensächliches beziehen sich nicht nur auf große zentrale Lebensbereiche, sondern auch auf kleine Dinge des Alltags. Ich warte nicht gern, habe wenig Geduld für den täglichen Kleinkram, der erledigt werden muß. Aufräumen, kochen, einkaufen, Kleider zur Reinigung bringen, Einzahlungsscheine ausfüllen, den Handwerker bestellen, weil etwas kaputt ist – das alles tue ich zwar nicht ungern, aber es wird mir immer lästiger, weil es so viel Zeit in Anspruch nimmt und mich von dem abhält, was ich eigentlich möchte.

Auch überflüssige Gegenstände belasten mich mehr und mehr. Ich halte mich ungern in Räumen auf, in denen viel Krimskrams herumsteht, was sich unterwegs leider nicht immer vermeiden läßt. Doch auch zu Hause stört es mich zunehmend, wenn sich immer wieder so vieles ansammelt, obschon ich ständig Dinge wegwerfe. Am liebsten wären mir möglichst leere Räume, nur mit dem ausgestattet, was ich wirklich brauche, aber trotz guter Vorsätze gelingt es mir nie, richtig Ordnung zu schaffen und das zu verwirklichen.

Es ist mir klar, daß mangelnde Geduld für die Anforderungen des Alltags dazu verleiten kann, sich selbst und seine Umgebung zu vernachlässigen. Ich kann gut nachfühlen, warum alte Menschen manchmal dazu neigen, sich zu vernachlässigen. Was früher leicht und selbstverständlich von der Hand ging: aufräumen, Zähne putzen, den Tisch decken, Haare waschen usw. braucht immer mehr Zeit und erfordert eine Disziplin, die manchmal schwer aufzubringen ist, wenn man sich wichtigerem zuwenden möchte. Und daß die Zeit sich in der Erinnerung zusammenschiebt, spielt auch in diesem Zusammenhang eine Rolle. Ich denke, ich hätte die Vitamine heute morgen schon genommen, dabei war es gestern. Die Handtücher habe ich nicht, wie ich meine, erst vorgestern gewechselt, sondern letzte Woche. Und das Gemüse im Kühlschrank ist schon fünf Tage alt und nicht erst gestern gekauft. Ich bin da sehr wachsam geworden, mißtraue meiner Erinnerung in solchen Dingen und versuche sie nachzuprüfen. Und ich widerstehe (meistens) der Versuchung, den Käse im Papier auf den Tisch zu bringen, das Abräumen auf später zu verschieben, mein Bett nicht zu machen oder mich im Pyjama an den Schreibtisch zu setzen, damit ich schneller zu dem komme, was ich eigentlich möchte.

Qualität ist mir in jeder Hinsicht viel wichtiger als früher. Ob es ums Essen geht, um Beziehungen oder um Kultur – ich bin wählerisch geworden. Frau I. geht es ähnlich: »Ich bin anspruchsvoller geworden, nach außen und nach innen, vor allem mir selber gegenüber. Ich lebe bewußter als früher.«

Qualität bedeutet für mich nicht, daß es immer exklusiv oder hochgeistig sein muß. Ich liebe Käse und Brot, aber sie müssen gut sein. Ich sehe mir gerne einen Fernsehkrimi an, wenn er gut gemacht ist. Aber ich mag mir kein mittelmäßiges Konzert anhören, und Dilettantismus in jeder Form ist mir ein Greuel, selbst wenn er noch so gut gemeint ist. Ich verbringe den Abend lieber allein als mit Menschen, mit denen ich nicht wirklich in Kontakt komme. Ich trinke lieber keinen als schlechten Wein, und ich mag kein Essen in mich hineinstopfen, das mir nicht schmeckt. Es kommt mir vor, als sei der ganze Organismus wählerischer geworden und verlange nur noch nach dem, was ihm bekommt – so als mache sich das Bewußtsein der begrenzten Zeit auch auf dieser Ebene bemerkbar. Das Bedürfnis nach Qualität widerspricht naturgemäß dem Wunsch, nicht viel Zeit mit Alltagskram zu verbringen. Wenn ich gut essen will, muß ich für das Einkaufen und Zubereiten mehr Zeit und Sorgfalt aufwenden. Wie in anderen Bereichen auch, geht es darum, die richtige Balance zu finden. Doch wenn ich mir Entlastung wünschte, dann vor allem von täglichem Kleinkram.

Ich bin mir bewußt, daß zu viel Beschränkung die Gefahr der Einengung mit sich bringt. Sich nur noch an Vertrautes halten, kein Risiko mehr eingehen, nichts Neues ausprobieren, keine neuen Menschen kennenlernen wollen, würde zu Stillstand und Isolation führen. So verengen möchte ich meinen Horizont auf keinen Fall, deshalb bin ich auch immer wieder bereit, mich auf Neues, Unbekanntes einzulassen – was manchmal überraschende Entdeckungen mit sich bringt. Der Computer zum Beispiel, mit dem ich mich (zuerst nur widerwillig) aus beruflichen Gründen befassen mußte, hat mir eine ganz neue Welt erschlossen, obwohl ich ihn nur sehr selektiv benutze und verstehe.

Ich will mich nicht abkapseln, sondern mit der Welt, in der meine Enkel aufwachsen, auseinandersetzen, an ihr teilhaben und sie begreifen können – aber ich muß nicht mehr alles mitmachen und alles verstehen. Ich glaube, es gehört zum Prozeß des Alterns, nicht mehr alles Neue in dieser sich rasch verändernden Welt verstehen zu können – wie sonst würden wir allmählich darauf vorbereitet, sie zu verlassen? Ich muß nicht alles, was neu oder »in« ist, gut finden, aber ich hüte mich davor, die Vergangenheit zu verklären und in den Chor »früher war alles besser« einzustimmen. Daß ich etwas nicht verstehe oder mich nicht mehr darauf einlassen mag, heißt noch lange nicht, daß es schlecht ist. Ich verstehe sehr gut, daß jüngere Menschen sich manchmal genervt fühlen von den alten, die alles besser wissen und ihre Normen und Werte für die einzig richtigen halten. Zumal sich junge Menschen angesichts der demographischen Entwicklung oftmals als Minderheit fühlen müssen. Auch das kann ich gut nachempfinden. Obwohl meine Generation ja nichts dafür kann, daß sie so zahlreich ist, stört es mich auch, wenn irgendwo – im Zug, auf einem Ausflug, im Landgasthof – fast ausschließlich alte Menschen anzutreffen sind, und ich wünschte mir, die Generationen wären gleichmäßiger vertreten.

Vieles finde ich heutzutage sehr viel besser als früher. Doch wenn mir etwas nicht zusagt, fühle ich mich nicht verpflichtet, es durchzuziehen, nur weil ich damit angefangen habe. Wenn mir eine Theatervorstellung nicht gefällt, gehe ich in der Pause, selbst wenn es sich um »die Aufführung des Jahres« handelt. Ich muß ein angefangenes Buch nicht zu Ende lesen, wenn es mich langweilt. Zu wissen, daß sowieso nie mehr alles zu schaffen ist, daß in jedem Fall manches, was ich noch möchte, ungelesen, ungesehen, ungehört, ungetan bleiben wird, gibt mir die Freiheit zu wählen, wie ich die immer kostbarer werdende Zeit zubringen will.

Doch es fällt mir auf, daß der Körper sich immer deutlicher sein Recht holt. Früher wäre es mir nie in den Sinn gekommen, mich tagsüber hinzulegen. Jetzt gönne ich mir häufiger ein Mittagsschläfchen, oder ich werde manchmal gegen abend ganz plötzlich müde. Wenn es irgendwie möglich ist, gebe ich diesem Bedürfnis nach, selbst wenn es sich zu einer »Unzeit« meldet, und schlafe dann meist nur wenige Minuten, ganz selten auch einmal eine Stunde. Ich finde es wichtig, sich diesem Rhythmus zu überlassen. Ich rege mich nicht auf, wenn ich mal nachts ein oder zwei Stunden wachliege, sondern nutze sie zum Lesen, und hole den Schlaf gegen Morgen nach. Deshalb richte ich meinen Tagesablauf zu Hause möglichst so ein, daß ich vormittags keine Verabredungen habe. An den Schreibtisch kann ich mich auch etwas später setzen. Auf den Rhythmus des Organismus zu horchen heißt sorgsam mit den eigenen Ressourcen umzugehen.

Genau so notwendig wie meine Aktivitäten brauche ich das Nichtstun zwischendurch. Müßig sein, genießen, nachdenken, Musik hören, lesen (ich kann mir ein Leben ohne zu lesen schlicht nicht vorstellen), im Garten sitzen, den Wolken zuschauen, vor mich hinträumen, mich in meiner Gedankenwelt verlieren – das alles gehört zum Leben und braucht seine Zeit, auch wenn dann wieder einmal etwas liegen bleibt, das eigentlich erledigt werden sollte.

Solche persönlichen Vorlieben und Abneigungen beeinflussen meine Überlegungen für die Zukunft und die Frage, was wäre, wenn ich einmal nicht mehr allein zurechtkommen und auf fremde Hilfe angewiesen sein sollte. Natürlich beschäftigt mich das, und es ist keine verlockende Aussicht, denn ich weiß ziemlich genau, was ich möchte und was ich auf keinen Fall möchte.

Ich möchte weiterhin bei dem bleiben können, was (dann) für mich wesentlich ist, und *darin* unterstützt werden. Ich möchte die Hilfe bekommen, die *ich* brauche, nicht eine, die andere aufgrund von bestimmten Vorstellungen oder Theorien für mich gut finden. Ich möchte als Person ernstgenommen und respektiert und nicht auf meine Unzulänglichkeiten und meine Fehlleistungen reduziert werden. Ich möchte weder bevormundet noch erzogen werden. Ich möchte nicht »aktiviert« und nicht zu Beschäftigungen animiert werden, die mich nicht interessieren. Ich möchte mich, im Rahmen der mir verbleibenden Möglichkeiten, weiterhin mit dem beschäftigen können, was mir wichtig ist. Ich möchte nicht mit »Seniorenprogrammen« unterhalten werden. Ich möchte an keinen Altersturnstunden teilnehmen müssen, sondern weiterhin, soweit ich das noch kann, gewisse Yogaübungen machen, von denen ich weiß, daß sie mir guttun. Ich möchte keine Weihnachtslieder singen und keine Strohsterne basteln müssen. Ich möchte mich ungestört in meine innere Welt zurückziehen können, wenn mir danach ist.

Ich möchte nicht von Menschen, die mich kaum kennen, zu Gesprächen über Ereignisse aus meinem Leben gedrängt werden, die sie den Akten entnommen haben und die *sie* wichtig finden. Aber ich möchte, daß Erinnerungen, auf die ich selber zu sprechen komme, nicht als Phantasien abgetan werden, nur weil sie dem Gegenüber unwahrscheinlich vorkommen. Ich möchte, daß

Reaktionen, die aus meinem Erfahrungshintergrund kommen, ernstgenommen werden, auch wenn sie für Menschen mit einem anderen Erfahrungshintergrund vielleicht schwer nachvollziehbar sind.

Und ich möchte selber entscheiden können, ob ich aufstehen oder noch liegen bleiben, was ich anziehen, wann ich Musik hören oder fernsehen, ob ich ein Bad nehmen, die Haare waschen oder die Nägel schneiden will – selbst wenn ich dafür Hilfe brauche. Ich möchte nicht essen müssen, was mir nicht schmeckt oder wenn ich keinen Hunger habe. Das alles macht mich wohl wenig geeignet für ein Altersheim, und ich wäre dort vermutlich eine »schwierige« und nicht besonders willkommene Bewohnerin. Andere haben wieder ganz andere persönliche Vorlieben und Abneigungen, die sich aus ihrer Biographie ergeben und die ihnen wichtig sind. Daß sie berücksichtigt werden, ist entscheidend für ihr Wohlbefinden. Frau S. zum Beispiel hat für den Fall, daß sie je ins Pflegeheim kommen sollte, schriftlich festgehalten, was sie möchte, unter anderem »daß man mich in Ruhe lassen soll, wenn ich mich einmal nicht mehr selber beschäftigen kann. Auf keinen Fall will ich, daß man mir Geschichten vorliest. Wenn man unbedingt etwas tun will, soll man mir lieber ein Kunstbuch zeigen«.

Warum stehen diese persönlichen Betrachtungen am Anfang eines Buches, in dem es um die Betreuung von alten Menschen geht? Nicht um nahezulegen: *so sind* alte Menschen, sondern um aufzuzeigen, wie alt werden *auch* erlebt werden kann. Ich möchte Sensibilität wecken für die *sehr unterschiedlichen* Weisen, diese Lebensphase zu *erleben*. Darüber hinaus finden sich in diesen persönlichen Gedanken einige Stichworte, die ins Allgemeine führen. Die begrenzte Zeit, der näher kommende Tod – das sind existentielle Bedingungen, die für jedes Leben gelten, aber von jedem Menschen anders wahrgenommen und erlebt werden. Manche setzen sich sehr bewußt damit auseinander, für andere sind sie nur leise im Hintergrund präsent, manche verdrängen oder verleugnen sie, wieder andere decken sie mit emsiger Geschäftigkeit zu – es gibt viele Varianten, sich dieser Lebensthematik zu stellen oder nicht zu stellen.

Ich bin mir bewußt, daß es ein Privileg ist, eine Tätigkeit ausüben zu können, die mir Spaß macht, die ich als sinnvoll empfinde und die es mir ermöglicht, das Alter als erfüllten und beglückenden Lebensabschnitt zu erleben. Für viele Menschen sieht das ganz anders aus. Dennoch, ich bin kein Einzelfall. Immer mehr Menschen erleben die späten Jahre als besonders gute Zeit, in der sie noch einmal etwas ganz Neues anfangen oder etwas verwirklichen können, was sie schon immer gewollt hatten. »Die Zeit nach dem Beruf ist die schönste Zeit im Leben. Schade, daß sie auch die letzte ist«, schreibt Hans Meier im Rahmen einer Umfrage, wie verschiedene Menschen ihr Alter erleben (NZZ, Nr. 200, 28./29.8.2004). Doch es gibt andere, für die dieser Lebensabschnitt vorwiegend Verlust, Einschränkung, Abbau und Krankheit bedeutet. Dazwischen spannt sich ein weiter Bogen, auf dem alle Schattierungen möglich sind.

Dieser Spannungsbogen mit seinen vielschichtigen Schattierungen und Gegensätzlichkeiten, bestimmt zunehmend auch die Arbeit der Betreuenden. Sensibilität für die Vielseitigkeit des individuellen Erlebens ist deshalb eine Grundvoraussetzung für sinnvolle Betreuung und Begleitung. Wesentliches und Nebensächliches gibt es in jedem Leben. Worin das besteht, hängt vom individuellen Erleben des betreffenden Menschen ab und kann nicht von anderen entschieden werden. Diese Sichtweise muß jeglicher Begleitung zugrunde liegen, denn sie soll alten Menschen ermöglichen, die ihnen verbleibende Zeit so zu verbringen, wie es *für sie* wesentlich ist, und sie von dem entlasten, was *für sie* nebensächlich oder beschwerlich ist. Dieser Aufgabe können Betreuende nur dann gerecht werden, wenn sie sich am subjektiven Erleben der Menschen orientieren.

Von ihren Grundlagen her und in ihren methodischen Ansätzen entspricht die personzentrierte Arbeitsweise diesen Anforderungen in hohem Maße. Sie ist deshalb für die Betreuung von alten Menschen besonders geeignet. Was kennzeichnet den personzentrierten Ansatz, und was heißt personzentriert arbeiten?

2 Die Grundlagen der personzentrierten Arbeit

Der personzentrierte Ansatz geht auf den amerikanischen Psychologen Carl Rogers (1902–1987) zurück. Zunächst handelte es sich dabei um eine bestimmte Form der Psychotherapie, die Rogers entwickelt hatte und die im deutschen Sprachraum als *klientenzentrierte Psychotherapie* oder *Gesprächspsychotherapie* bekannt wurde und heute auch als *personzentrierte Psychotherapie* bezeichnet wird. Schon Rogers' erstes Buch *Counseling and Psychotherapy* (1942) fand große Beachtung, und das Standardwerk *Client-Centered Psychotherapy* (1951) begründete seinen Weltruhm. Sehr bald beschränkte er sich nicht mehr allein auf Psychotherapie, sondern beschäftigte sich mit Anwendungsmöglichkeiten seiner Konzepte in anderen Bereichen (Gruppen, Schulen, Betrieben, Institutionen) und prägte dafür den Begriff *Person-Centered Approach* (Rogers 1969, 1970, 1977, 1980, 1982). Die Umsetzung des personzentrierten Ansatzes in anderen Arbeitsbereichen als der Psychotherapie gestaltet sich je nach Arbeitsfeld anders und hat andere Schwerpunkte, doch die Grundlagen sind dieselben. Welches sind diese Grundlagen?

Ein humanistisches Menschenbild

Ein humanistisches Menschenbild sieht in jedem Menschen eine eigenständige, in sich wertvolle Persönlichkeit und respektiert die Verschiedenartigkeit der Menschen. Niemals sind sich zwei Personen gleich, auch nicht zwei mit demselben Krankheitsbild, den gleichen Altersbeschwerden oder im gleichen Stadium der

Demenz. Dieser individuellen Verschiedenartigkeit entsprechen vielfältige und unterschiedliche Weisen, mit Einschränkungen umzugehen und den Alltag zu meistern. Die humanistische Sichtweise geht von der Annahme aus, daß jeder Mensch grundsätzlich darauf ausgerichtet ist, sich weiterzuentwickeln und seine persönlichen Ressourcen zu nutzen, um die Realität zu bewältigen. Diese Bestrebungen und Fähigkeiten können aus verschiedenen Gründen – Entwicklungsstörungen, traumatische Erfahrungen, mangelnde Förderung, Krankheit, altersbedingte Beeinträchtigungen, Desorientierung etc. – gestört oder eingeschränkt sein. Doch selbst dann gilt: *Nicht wir wissen, was für andere Menschen gut ist, sondern sie selber* – selbst wenn ihr Zugang zu diesem Wissen verschüttet ist. Menschen behilflich zu sein, verschüttete Zugangswege zu ihren brachliegenden Ressourcen freizulegen, und dafür Sorge zu tragen, daß vorhandene Ressourcen nicht verkümmern, ist eine wesentliche Aufgabe der Betreuung. Der entscheidende Faktor dabei ist die personzentrierte Haltung.

Die personzentrierte Haltung

Sie wird durch drei Elemente charakterisiert (Rogers 1959, 1961):

Empathie (oder einfühlendes Verstehen) ist die Fähigkeit, das Erleben und die Gefühle anderer Menschen genau und sensibel zu erfassen, sich in ihren inneren und äußeren Bezugsrahmen so einzufühlen, als ob man der andere wäre, und dennoch nie außer acht zu lassen, daß man sich selbst und nicht der andere ist. Empathie ist nicht Identifikation. Einfühlendes Verstehen hat auch nicht den Sinn, andere Menschen zu interpretieren oder einzuordnen, sondern zu versuchen, sich möglichst genau in *ihr Erleben* und in *ihre Welt* zu versetzen.

Wertschätzung (oder nicht wertendes Akzeptieren) bedeutet, eine Person so zu akzeptieren, wie sie im Augenblick ist, mit all ihren Schwierigkeiten und Möglichkeiten, ohne sie zu werten. Das beinhaltet keineswegs alles gutzuheißen, was diese Person tut, sondern zu akzeptieren, daß sie aus irgendeinem Grund dazu gekommen ist, sich so zu verhalten. Nicht werten bedeutet auch nicht, selber keine Werte zu haben, sondern im Gegenteil, sich der eigenen Werthaltungen klar bewußt zu sein, sie aber nicht anderen Menschen überstülpen zu wollen. Alte Menschen haben oft ganz andere Werthaltungen als die jüngeren, von denen sie betreut werden. Das muß berücksichtigt und respektiert werden.

Kongruenz (oder Echtheit) heißt, das eigene Erleben bewußt wahrnehmen und trennen können von dem, was einem vom Gegenüber entgegenkommt. Kongruenz bedeutet, dem anderen Menschen als Person zu begegnen und sich nicht hinter einer professionellen Maske zu verstecken. Das bedingt, sich der eigenen Gefühle, Impulse und Eindrücke bewußt zu sein, sie zuzulassen und zu akzeptieren, aber nicht, sie dem anderen Menschen jederzeit ungefiltert an den Kopf zu werfen. Betreuerinnen müssen abschätzen können, wann es im Rahmen ihrer Aufgabe sinnvoll ist, ihre Gefühle zu äußern, und wann nicht. Zur Kongruenz gehört ferner, daß die Rahmenbedingungen der jeweiligen Situation klar und für alle Beteiligten durchschaubar sind.

Ein vertieftes Verständnis der Bedeutung von Kongruenz und Inkongruenz vermittelt Rogers Theorie vom Selbstkonzept.

Das Selbstkonzept

Der Begriff *Selbstkonzept* (Rogers 1951) ist leider etwas in Vergessenheit geraten, obwohl er ein wichtiges Element der personzentrierten Sichtweise darstellt und außerordentlich hilfreich ist, um andere Menschen – vor allem auch solche mit schwer nachvollziehbaren Verhaltensweisen – besser verstehen zu können.

Mit Selbstkonzept ist gemeint: das Bild, das ein Mensch von sich hat und wie er es bewertet. Das Selbstkonzept entwickelt sich sowohl aus der unmittelbaren Erfahrung des Kleinkindes (zum Beispiel Hunger – Schreien – Sättigung) wie auch aus den Werten, welche ihm von der Umwelt vermittelt werden (zum Beispiel: »sich schmutzig machen ist schlecht«). Das Selbstkonzept ist nicht starr und ein für allemal festgelegt, sondern wandelt sich fortwährend aufgrund der Erfahrungen, die ein Mensch im Lauf seines Lebens macht.

Störungen und emotionale Schwierigkeiten entstehen dann, wenn Erfahrungen, Gefühle, Empfindungen nicht mehr an sich herangelassen werden können, weil sie nicht vereinbar sind mit einem erstarrten, von rigiden Wertvorstellungen oder Tabus kontrollierten Selbstkonzept (Beispiel: »Wütend werden ist böse.«). Oder auch, weil Erfahrungen so schmerzlich und unerträglich waren, daß sie verdrängt oder umgedeutet werden mußten, um überleben zu können (krasses, aber leider nicht seltenes Beispiel: sexueller Mißbrauch).

Maßgebend für die Entwicklung des Selbstkonzeptes ist *die individuelle Bewertung von Erfahrungen.* Ganz zu Anfang des Lebens handelt es sich um einen »organismischen Bewertungsprozeß« (Rogers 1959, 1964). Zum Beispiel: Das Baby schreit, wenn es Hunger hat, oder seine Haut zieht sich zusammen, wenn es friert. Dieser Bewertungsprozeß verändert sich mit dem Heranwachsen insofern, als die Bewertungen, die das Kind von seinen Bezugspersonen aufnimmt, mehr und mehr an Bedeutung gewinnen. Bewertungen aus dem Umfeld zu übernehmen gehört zu einer gesunden Entwicklung, solange diese Werte immer wieder an der eigenen Erfahrung überprüft und, wenn sie nicht mit ihr übereinstimmen, modifiziert werden können. Kritisch wird es dann, wenn die übernommenen Werte so absolut oder dem eigenen Wohlbefinden so entgegensetzt sind, daß sie dem Vergleich mit der Erfahrung nicht mehr standhalten. Das kann soweit gehen, daß Erfahrungen gar nicht mehr zugelassen werden können.

Inkongruenz ist das *Auseinanderklaffen von Erfahrung und Selbstkonzept.* Das Selbstkonzept wird starr und kann nur noch Erfahrungen und Gefühle zulassen, die in die einmal festgelegten engen Grenzen passen, während alle anderen abgewehrt, verdrängt, rationalisiert, geleugnet, umgedeutet werden müssen oder überhaupt nicht mehr wahrgenommen werden können.

Kongruenz ist die *Übereinstimmung von Selbstkonzept und Erfahrung,* das heißt das Selbstkonzept bleibt beweglich und kann neue Erfahrungen aufnehmen und integrieren. Seelische Gesundheit hat sehr viel mit Kongruenz zu tun. Wenn ein Mensch sich kongruent entwickeln kann, also offen ist für Gefühle und Erfahrungen und fähig, sie laufend in sein Selbstkonzept aufzunehmen, entspricht das einer gesunden Entwicklung. Die Grenze ist fließend. Niemand ist hundertprozentig kongruent, aber je ausgeprägter die Inkongruenz, um so beeinträchtigter ist ein Mensch in seiner Entwicklung und um so schwerer die psychischen Störungen.

Mit zunehmendem Alter verlangsamt sich die Flexibilität des Selbstkonzepts und nimmt ab. Alte Menschen brauchen länger, um neue und nicht immer willkommene Erfahrungen in ihr Selbstkonzept zu integrieren. Manchen Menschen – auch das ist individuell verschieden – fällt es schwer, liebgewordene Vorstellungen von sich selber aufzugeben, das Selbstbild mit altersbedingten Veränderungen in Einklang zu bringen und anders zu bewerten. Es braucht Zeit und ist vielleicht nur in ganz kleinen Schritten möglich. Wenn Betreuende sich das vor Augen halten, wird es ihnen leichter fallen, Geduld aufzubringen und es nicht gleich als »Altersstarrsinn« oder »Realitätsverlust« einzustufen, wenn jemand an Vorstellungen von sich selber festhält, die nicht mehr ganz der Realität entsprechen.

Es gibt jedoch auch alte Menschen, die sich mit den negativen Bewertungen identifizieren, die von außen auf sie zukommen. Ihr

Selbstkonzept besteht dann vorwiegend aus Sätzen wie: »Ich kann nichts mehr«, »ich bin zu nichts zu gebrauchen«, »ich bin nichts mehr wert«. Betreuende müssen sehr darauf bedacht sein, dieses negative Selbstkonzept nicht unabsichtlich noch zu verstärken, sondern im Gegenteil die Ressourcen hervorzuheben, die bei jedem Menschen in irgendeiner Form, vielleicht ganz versteckt und unscheinbar, immer noch vorhanden sind.

Die Kontaktfunktionen

Der Begriff Kontaktfunktionen stammt von dem amerikanischen Psychologen Garry Prouty, dem Begründer der *Prä-Therapie* (Prouty 1994, Prouty, Van Werde, Pörtner 1998). Er bezeichnet damit drei Ebenen des psychischen Kontaktes: Kontakt zur Realität, Kontakt zu sich selbst (emotionaler Kontakt) und Kontakt zu anderen (kommunikativer Kontakt). Diese Kontaktfunktionen sind bei Menschen mit geistiger Behinderung, bei psychisch erkrankten Menschen und bei alten, desorientierten oder an Demenz leidenden Menschen in der Regel beeinträchtigt. Das kann auf den drei Kontaktebenen in unterschiedlichem Maß, mehr oder weniger stark, dauernd oder (wie in akuten psychotischen Zuständen) vorübergehend der Fall sein.

Prä-Therapie ist darauf ausgerichtet, die Kontaktfunktionen zu entwickeln und zu festigen. Zugleich kann sie Brücken schlagen zu abgekapselten, schwer zugänglichen Welten anderer Menschen. Die von Prouty entwickelten *Kontaktreflexionen* (Prouty 1994; Prouty, Van Werde, Pörtner 1998; Pörtner [1996] 2004, S. 154–165) sind ein gutes methodisches Hilfsmittel, um auf den drei Ebenen Kontakt herzustellen (zur Realität, zu sich selbst, zu anderen) sowie – das ist vor allem bei alten Menschen wichtig – um die Kontaktfunktionen anzuregen und lebendig zu erhalten, so daß sie nicht verkümmern. Kontaktreflexionen sind keine mechanisch anwendbare »Technik«. Entscheidend ist auch hier – das betont Prouty nachdrücklich – die personzentrierte Haltung. Auf der Grundlage dieser Haltung können Kontaktreflexionen in der Betreuung von alten Menschen sehr hilfreich sein. Sie sind (auch auf Deutsch) mehrfach ausführlich beschrieben (siehe oben sowie Van Werde & Morton 2002) und werden im folgenden kurz zusammengefaßt.

Analog zu den verschiedenen Kontaktebenen gibt es verschiedene Formen von Kontaktreflexionen:

1. Situationsreflexionen: Mit ganz einfachen Hinweisen auf Dinge im unmittelbaren Umfeld wird die momentane Situation angesprochen: »Wir sitzen am Tisch«, »Die Lampe brennt«, »Es ist heiß heute«, »Das Zimmer ist groß«, »Wir sind beide sehr still«, »Sie spielen mit dem Bleistift«. Situationsreflexionen dienen dem *Kontakt zur Realität* – hier im Sinne der momentanen unmittelbaren Umgebung.

2. Körperreflexionen: Das Ansprechen der Körperhaltung regt den Kontakt zum eigenen Körper an: zum Beispiel »Sie sind ganz steif«, »Sie haben den Kopf auf die Arme gelegt«, »Sie wippen mit dem Fuß« etc. Bei Menschen, die auf verbale Kommunikation nicht reagieren, kann es auch hilfreich sein, die gleiche Körperhaltung einzunehmen wie sie. Doch das darf niemals zum Nachäffen werden, sondern muß sehr behutsam geschehen. Es geht darum, durch das Einnehmen ihrer Körperhaltung besser nachvollziehen zu können, wie anderen Menschen zumute ist, und ihnen auf der Ausdrucksebene zu begegnen, auf der sie sich momentan befinden. Körperreflexionen fördern den *Kontakt zu sich selbst* auf der körperlichen Ebene.

3. Gesichtreflexionen: Das Ansprechen des Gesichtausdrucks – zum Beispiel: »Sie haben Tränen in den Augen«, »Sie sehen heute fröhlich aus«, »Sie runzeln die Stirn«, »Sie lächeln« – bringt Menschen in Kontakt mit ihren Gefühlen und vermittelt ihnen die Erfahrung, daß und wie andere ihre Gefühle wahrnehmen und an ihnen teilnehmen können. Gesichtsreflexionen fördern den *Kontakt zu sich selbst* auf der Gefühlsebene.

4. Wort-für-Wort-Reflexionen: Das wortwörtliche Wiederholen ist besonders sinnvoll bei Menschen, die Mühe haben, sich sprachlich auszudrücken, die vielleicht nur ganz leise, unzusammenhängende oder nicht verständliche Wortfetzen oder Laute von sich geben. Wenn dazwischen einzelne Worte oder Satzteile verständlich sind, können diese wiederholt werden, oder aber man wiederholt Laute oder Worte, die zwar nicht verständlich sind, aber spürbar Gefühle beinhalten. Bei Menschen, die nicht im Formulieren, aber im Sprechen behindert sind, sollte stets wiederholt werden, was man verstanden hat, damit sie berichtigen können und keine Mißverständnisse entstehen. Wort-für-Wort-Reflexionen fördern den *Kontakt zu anderen.*

5. Das Prinzip des Wiederaufgreifens: Reflexionen, bei denen ein Kontakt gelungen ist, werden erneut aufgegriffen, um die Verbindung wiederherzustellen und den entstandenen Kontakt neu anzuregen. Wiederaufgreifende Reflexionen dienen der *Verankerung des Kontakts* und der *Festigung der Kontaktfunktionen.*

Die Kontaktfunktionen wiederherzustellen, zu fördern und zu festigen, zumindest aber sie nicht durch entfremdende institutionelle Rahmenbedingungen sowie durch Über- oder Unterforderung noch mehr zu schwächen, ist eine vorrangige Aufgabe bei der Betreuung von verwirrten alten Menschen, die bisher viel zu wenig wahrgenommen wird. Proutys prä-therapeutischer Ansatz läßt sich sehr gut auch im Alltag einsetzen, wo sich viele Anhaltspunkte für Kontaktreflexionen ergeben. Sie sind besonders gut geeignet, um den verschiedenen Aspekten der Wirklichkeit gerecht zu werden, die in Kapitel 7 beschrieben werden.

Doch nicht nur mit Reflexionen können die Kontaktfunktionen unterstützt werden, auch die Gestaltung der institutionellen

Rahmenbedingungen spielt eine wesentliche Rolle. In dieser Hinsicht ist die Arbeit von Dion Van Werde wegweisend (Pörtner [1996] 2004, S. 166–174; Prouty, Van Werde, Pörtner 1998, S. 87–158; Van Werde & Morton 2002, S. 189–221). Van Werde ist Psychologe und Psychotherapeut an der psychiatrischen Klinik Sint-Camillus in Gent, wo er eine Abteilung ganz unter dem Aspekt der Wiederherstellung und Festigung der Kontaktfunktionen gestaltet hat. Das betrifft alle Bereiche: Pflege, Ergotherapie, Freizeitangebote, die wöchentliche Stationssitzung mit Pflegepersonen und Patientinnen ebenso wie die Inneneinrichtung. Obwohl es sich um eine Abteilung für akut psychotische Patienten handelt, geben die von ihm beschriebenen Beispiele eine Fülle von Anregungen, wie dieses Prinzip auf andere Institutionen, gerade auch auf Einrichtungen für desorientierte, verwirrte oder an Demenz leidende Menschen übertragen werden kann.

Was heißt personzentriert arbeiten?

Nicht immer ist das, was als personzentriert bezeichnet wird, auch wirklich personzentriert. Entscheidend ist, *wie* mit solchen Ansätzen gearbeitet wird.

Um ein häufig auftretendes Mißverständnis gleich auszuräumen: Personzentriert arbeiten bedeutet nicht, eine Person losgelöst von ihrem Umfeld zu sehen, und vor allem nicht, die Person zum Problem zu machen. Die Versuchung dazu ist groß, wenn es sich um behinderte, psychisch kranke, verwirrte, schrullige oder in irgendeiner Weise »schwierige« Menschen handelt. Allzuoft werden die Ursachen für auftretende Schwierigkeiten ausschließlich in ihrer Person gesucht. Das darf nicht sein. Jede Problematik wird mitbestimmt durch soziale, institutionelle und zwischenmenschliche Aspekte, die mit einbezogen und hinterfragt werden müssen. Wie sich die verschiedenen Faktoren im einzelnen auswirken, ist bei jedem Menschen anders und läßt sich nur aus seinem – inneren und äußeren – Bezugsrahmen heraus verstehen.

In den letzten Jahren haben sich, vor allem in Großbritannien, in der Demenzpflege verschiedene Methoden und Ansätze etabliert, die sich aus personzentrierten Grundlagen herleiten und prä-therapeutische Elemente einbeziehen. Einen guten Überblick über diese Ansätze vermittelt das Buch »Die Würde wahren« von Ian Morton (1999, 2002). Auch im deutschsprachigen Raum finden Methoden, die auf dem personzentrierten Ansatz beruhen, zunehmend Verbreitung, darunter vor allem die Validation nach Naomi Feil (1982, 1990, 1992, 1993, 2000a. 2000b). Dabei handelt es sich einerseits um eine Entwicklungstheorie für hochbetagte Menschen, andererseits um eine Methode, die ein besseres Verständnis ihrer oftmals schwer nachvollziehbaren Verhaltensweisen ermöglichen soll. Feils Methode stimmt insofern mit personzentrierten Grundlagen überein, als sie auf Einfühlung und Wertschätzung beruht, doch sie beinhaltet eine Reihe von »Techniken«, welche in der Praxis häufig zu rein mechanischer Anwendung verleiten, und geht teilweise von theoretischen Konstrukten aus, die im Widerspruch zum personzentrierten Ansatz stehen (vgl. S. 122).

Der personzentrierte Ansatz arbeitet nicht mit Deutungen und theoretischen Erklärungen, sondern mit dem Bestreben, sich in die Welt anderer Menschen einzufühlen und sie aus *ihrer* Sichtweise heraus zu begreifen. Es geht *um Verstehen, nicht um Erklären*, das ist ein wichtiger Unterschied. Verstehen heißt versuchen, die andere Person von innen heraus, in ihrer ganz persönlichen Art des Erlebens, Denkens und Fühlens zu erfassen. Das ist die Grundlage der personzentrierten Arbeitsweise. Personzentriert arbeiten heißt *mit* den betroffenen Menschen, *nicht für sie* Lösungen suchen und Wege finden. Dabei muß man sich stets bewußt sein: Betreuung heißt *nicht machen,* sondern *ermöglichen.*

Personzentriert arbeiten ist in erster Linie *eine Haltung,* nicht eine Methode, obschon es dafür durchaus methodische Richtlinien gibt. Denn eine Haltung darf nicht in schönen Worten steckenbleiben, sondern muß sich im täglichen Handeln verwirklichen, und dafür gibt es geeignetere und weniger geeignete Vorgehensweisen. Aus den personzentrierten Grundlagen ergeben sich konkrete Handlungsgrundsätze und Richtlinien, die den methodischen Spielraum abstecken und zugleich Kriterien zur Verfügung stellen, an denen sich die Qualität der Arbeit überprüfen läßt.

Methoden, auch wenn sie auf personzentrierten Grundlagen beruhen, dürfen niemals um ihrer selbst willen angewendet werden. Sie sollen dann eingesetzt werden – und *nur* dann –, wenn sie dem Menschen, um den es geht, auch wirklich entsprechen und wenn sie sich aus der Situation heraus ergeben.

Es geht demnach im folgenden nicht um eine weitere therapeutische, sozialpädagogische oder pflegerische Methode, sondern es soll aufgezeigt werden, welche Grundvoraussetzungen für die Anwendung personzentrierter Methoden erforderlich sind, wie die *personzentrierte Haltung* in der *alltäglichen* Betreuung von alten Menschen zu verwirklichen ist und wie sie sich *konkret* auf die Arbeit auswirkt.

PERSONZENTRIERT ARBEITEN HEISST:

- *nicht von Vorstellungen ausgehen*, wie Menschen sein sollten, sondern davon, *wie sie sind*, und von den Möglichkeiten, die sie haben;
- andere Menschen *in ihrer ganz persönlichen Eigenart und Ausdrucksweise* verstehen und sie dabei unterstützen, eigene Wege zu finden, um – innerhalb ihrer begrenzten Möglichkeiten – mit der Realität zurechtzukommen;
- *nicht für* andere Menschen, sondern *mit ihnen* Wege finden und Lösungen suchen;
- nicht erklären, sondern *verstehen*;
- nicht machen, sondern *ermöglichen*.

3 Sieben Grundsätze für den Umgang mit alten Menschen

Aus der personzentrierten Sichtweise ergeben sich einige Handlungsgrundsätze, die generell für den Umgang von Menschen miteinander von Bedeutung sind, ganz besonders aber für die Betreuung und Begleitung alter Menschen. Das Verwirklichen dieser Grundsätze ist ausschlaggebend für die Qualität der Betreuung und damit für das Wohlbefinden der Menschen, um die es bei dieser Arbeit geht.

Klarheit schafft Sicherheit und Vertrauen

Klarheit ist außerordentlich wichtig für Menschen, deren Orientierungssinn und Erinnerungsvermögen nachlassen, die zeitweise verwirrt sind oder an psychischen Beeinträchtigungen leiden. Das betrifft verschiedene Bereiche: verständliche Kommunikation, eindeutige Informationen, anschauliche Orientierungshilfen, übersichtliche Gestaltung des räumlichen Umfelds. Darüber hinaus sollten institutionelle Abläufe und organisatorische Rahmenbedingungen für alle, die direkt davon betroffen sind, überschaubar und nachvollziehbar sein. Das bedeutet, daß sie sinnvoll gestaltet sein müssen, so daß sie den Menschen dienen, nicht umgekehrt. Für die Betreuenden heißt Klarheit, sowohl in ihrer Haltung wie in ihrer Sprache klar und für das Gegenüber verständlich zu sein.

Warum ist das so entscheidend? Klarheit ist eine Voraussetzung, um sich mit anderen Menschen verständigen zu können, vor allem wenn es sich um Personen handelt, die zeitweise verwirrt, desorientiert, vergeßlich oder sonst auf irgendeine Weise beeinträchtigt sind. Sie sind ganz besonders auf Klarheit angewiesen, um sich in der Realität einigermaßen zurechtfinden zu können. Das wird von den Bezugspersonen oft unterschätzt. Nicht genau zu verstehen, worum es geht und worauf sie sich einstellen müssen, kann bei alten Menschen, besonders wenn ihre Auffassungs- und Denkfähigkeit eingeschränkt oder verlangsamt ist, massive Verunsicherung und unnötige Ängste auslösen. Diese wiederum führen zu unberechenbaren Reaktionen, die dann vom Umfeld als Verhaltensauffälligkeiten wahrgenommen werden. Die Erfahrung zeigt immer wieder, wie destabilisierend sich diffuse, zweideutige Botschaften auf die psychische Verfassung auswirken und wie sie Störungen (bis hin zu psychotischen Zuständen) verstärken, ja sogar auslösen können.

In sozialen Institutionen hat Klarheit nicht immer den Stellenwert, der ihr eigentlich zukäme. Häufig herrscht eine Neigung zu Verschwommenheit, die durch mancherorts übliche abgehobene, wenig konkrete oder schwer verständliche pädagogische, psychologische und medizinische Fachjargons ebenso begünstigt wird wie durch schwer durchschaubare Rahmenbedingungen, unklare Informationen und unübersichtliche betriebliche Abläufe. Obwohl Klarheit unbedingt notwendig ist, damit die personzentrierte Haltung überhaupt wirksam werden kann, wird sie von Vertretern dieses Ansatzes ebenfalls oft vernachlässigt zugunsten von idealistisch verschwommenen Wolkengebilden. Das hat zu vielen Mißverständnissen geführt und der Verbreitung und Akzeptanz des personzentrierten Ansatzes eindeutig geschadet.

Noch am ehesten wird bei der Gestaltung des Umfelds auf Klarheit geachtet. Viele Einrichtungen sind dazu übergangen, im Eingangsbereich oder im Aufenthaltsraum Datum und Wochentag deutlich sichtbar anzuzeigen, ebenso – vielleicht sogar mit einem Photo – welche Mitarbeitenden an dem betreffenden Tag Dienst haben. Der Menüplan und andere Informationen hängen an der Wand, und die verschiedenen Wege (zum Speisesaal, zur

Toilette, in den Aufenthaltsraum) sind mit unterschiedlichen Farben gekennzeichnet. Solche klaren visuellen Informationen sind eine große Hilfe für Menschen, deren Orientierungssinn nachläßt, denen Zeiten und Orte leicht durcheinandergeraten, die vergeßlich, verwirrt oder einfach manchmal ganz und gar in ihre Erinnerungen versunken sind. Sie können dann mündliche Mitteilungen schlecht aufnehmen oder vergessen sie schnell wieder, besonders wenn sie vieldeutig und verwirrend sind.

Dabei wäre Einfachheit und Klarheit bei mündlichen Informationen genauso notwendig wie bei den visuellen Orientierungshilfen. Was für uns selber klar ist, ist es nicht immer auch für andere. Alte Menschen sind meist etwas langsamer im Begreifen, brauchen mehr Zeit und vielleicht genauere Einzelheiten, weil es ihnen nicht mehr so leichtfällt, vom einen auf das andere zu schließen, oder weil sie von ihrem anderen Erfahrungshintergrund her anders assoziieren, als es die Bezugspersonen für selbstverständlich halten. Deshalb müssen sich diese stets vergewissern, ob eine Information auch so angekommen ist, wie sie gedacht war.

Beispiel

Eine Pflegeperson kommt ins Zimmer und sagt zu Frau B.: »Ihr Sohn hat angerufen, er kommt Sie bald besuchen«. Bevor Frau B. die Nachricht, über die sie sich freut, verdauen kann, ist die Pflegeperson schon wieder weg. Die Frau ist ganz aufgeregt, weil sie meint, mit bald sei »heute nachmittag« gemeint. Nun wartet sie den ganzen Nachmittag umsonst und weint schließlich vor Enttäuschung.

Was wollte die Pflegeperson sagen mit »bald«? Nächste Woche? Morgen? Oder wann? Und wie steht es mit Frau B.s zeitlicher Orientierung? Das hätte sie sich vorher überlegen und ihre Mitteilung entsprechend formulieren müssen. Sie hätte damit Frau B. viel Aufregung und sich selber einigen Ärger erspart.

Der – zweifellos vorhandene – Zeitdruck darf nicht als Vorwand für solche Unterlassungen dienen. Unruhe und Verwirrung, die durch Unklarheiten entstehen, erfordern wesentlich mehr Zeitaufwand – nicht zu reden vom unnötigen Nervenverschleiß auf beiden Seiten – als die Sorgfalt, eine Information so zu vermitteln, daß sie für die Empfängerin klar und ihrer Auffassungsgabe angepaßt ist, und anschließend zu überprüfen, ob sie richtig verstanden wurde.

Im Falle von Frau B. hat die unklare Mitteilung dazu geführt, daß diese während mehrerer Tage – der Sohn kam erst am Wochenende – immer wieder klingelte, um nachzufragen: »Ist der Hans schon da? Wartet er unten auf mich?«

Selbstverständlich kann auch die größte Klarheit bestehende Verwirrtheitszustände weder verhindern noch aufheben. Aber unklare Informationen und mehrdeutige Botschaften tragen erheblich zur Verstärkung, ja zum Entstehen solcher Zustände bei. Das muß unter allen Umständen vermieden werden, nicht nur im Interesse der betroffenen Menschen, sondern auch, damit die Betreuenden sich ihre ohnehin sehr anspruchsvolle Arbeit nicht noch zusätzlich erschweren.

Das Erleben ist der Schlüssel zum Verstehen und Handeln

Jeder Mensch erlebt anders. Was die einen ärgert, finden andere lustig. Was bei den einen Panik auslöst, läßt andere kalt. Manche erleben als Zudringlichkeit, was andere als hilfreich empfinden. Was den einen Freude macht, ist für andere eine lästige Pflicht. Erleben ist subjektiv.

Dieses subjektive Erleben ist ein bedeutsamer Bestandteil der Persönlichkeit, ein Schlüssel, der hilft, sie zu verstehen und ihre Ressourcen zu entdecken. Das wird in der Betreuung nicht genügend berücksichtigt. Wir sind wenig geübt, auf das Erleben anderer Menschen zu achten, sondern neigen dazu, unser Wissen, unsere Normen (und manchmal auch das eigene subjektive Erleben!)

zum objektiven Maßstab zu machen, der für alle gelten soll. Daß andere, die anders erleben, damit wenig anfangen können, wird dabei übersehen. Pflegepersonen geben der Patientin Anweisungen, wie sie sich zu verhalten habe, damit sie sich besser fühlt, anstatt sich dafür zu interessieren, wie sie selber ihre Krankheit erlebt, wie sie damit zurechtzukommen versucht und welche ganz persönlichen Ressourcen ihr dafür zur Verfügung stehen. Betreuende versuchen Menschen davon zu überzeugen, die Situation sei in Wirklichkeit ganz anders, als sie meinen, anstatt sich in ihr Erleben einzufühlen und von da aus mit ihnen gemeinsam nach Lösungen zu suchen.

Beispiel

Der Pfleger kommt ins Zimmer von Herrn U.

Pfleger: »Wie geht es Ihnen, Herr U.?«

Herr U.: »Nicht so gut.«

Pfleger: »Oh – Sie sehen doch so gut aus!«

Herr U. schweigt.

Der Pfleger macht Herrn U. verschiedene Vorschläge: einen Tee trinken, einen Spaziergang machen usw.

Herr U. schweigt.

Solche Beispiele kommen im Alltag von Institutionen immer wieder vor – nicht weil die Pflegepersonen am Wohlbefinden der Pensionäre nicht interessiert sind, sondern weil sie nicht gelernt haben, auf das Erleben einzugehen, und statt dessen sofort mit Ratschlägen und Lösungen zur Hand sind – was bekanntlich wenig nützt, solange der andere Mensch sich in seinem Erleben nicht verstanden und angenommen fühlt. Veränderung kann nur aus dem eigenen Erleben heraus entwickelt, nicht von außen erzwungen werden. Sich in seinem *Erleben* verstanden zu fühlen erschließt einem Menschen neue Verhaltensmöglichkeiten. Deshalb ist es bei Pflege und Betreuung so wichtig, sich in das Erleben anderer Menschen einfühlen zu können.

Beispiel

Herr S., über 80, lebt seit einigen Wochen im Pflegeheim. Er ist ziemlich verwirrt und sehr widerspenstig. Er kotet ein und kann sich nicht mehr selber waschen. Doch er wehrt sich massiv dagegen, von der Betreuerin gewaschen zu werden, und dreht sich so weg, daß diese nicht an ihn herankommt. Die Betreuerin versucht ihm gut zuzureden, ihn herumzudrehen, aber das macht es nur noch schlimmer. Herr S. wehrt sich nur um so heftiger. Die Betreuerin wird immer ungeduldiger, bis sie selber merkt, daß sie so nicht weiterkommt. Sie hält einen Augenblick inne, atmet tief durch und versucht sich vorzustellen, wie ihrem Gegenüber wohl zumute ist. Dann sagt sie: »Nicht wahr Herr S., es ist Ihnen peinlich, daß Sie sich von mir waschen lassen müssen, deshalb wenden Sie sich ab.« Herr S. dreht sich um und läßt sich willig waschen.

Das Beispiel zeigt, wie hilfreich es in schwierigen Situationen sein kann, das Verhalten des anderen Menschen aus seinem Erleben heraus zu erfassen. Das bewirkt nicht nur, daß sich das Gegenüber ernstgenommen und verstanden fühlt, sondern erleichtert auch die Arbeit der Betreuenden und macht sie weitaus spannender und befriedigender als die zermürbenden – und meist vergeblichen – Versuche, anderen Menschen unerwünschtes Verhalten abzugewöhnen oder ihnen einreden zu wollen, es sei nicht so, wie sie es erleben. Menschen von ihrem Erleben her zu begreifen hilft manchen Konflikt vermeiden oder entschärfen und trägt auch in kleinen alltäglichen Dingen zu einer besseren Lebensqualität bei.

Entscheidend ist nicht, was fehlt, sondern was da ist

Alte Menschen werden vorwiegend gemessen – und messen sich selber – an dem, was sie nicht mehr können, was weniger gut geht als früher. Daß dafür vielleicht etwas ganz anderes aufblüht, wird von ihnen selber kaum wahrgenommen und vom Umfeld meist übersehen. Dabei können verwirrte alte Menschen, deren Denken eingeschränkt ist, manchmal erstaunliche emotionale und intuitive Qualitäten entwickeln, die ihnen früher in dieser Weise nicht zur Verfügung standen. Oder sie stellen Zusammenhänge her, die auf den ersten Blick konfus erscheinen, bei genauerem Hinsehen aber durchaus etwas treffen, nicht rational, sondern bildhaft oder assoziativ eine tiefere Wahrheit widerspiegeln. Oder in Beziehungen, die ein Leben lang schwierig waren, kann auf einmal – wortlos – ein ganz neuer, inniger Kontakt entstehen.

Beispiel

Frau M. besucht ihre Mutter im Krankenhaus, die zuerst verwirrt ist und sie nicht erkennt. Die Tochter setzt sich zu ihr. Ihr Leben lang war das Verhältnis zur Mutter schwierig gewesen. Sie hatte ihr nichts recht machen können. Alles wurde von der Mutter kritisiert, die sie auch gegenüber anderen Verwandten als mißratene Tochter schlechtmachte.

Jetzt öffnet sie die Augen und scheint ihre Tochter zu erkennen. Diese nimmt sie spontan in den Arm. Darauf sagt die Mutter: »Das ist gut, jetzt haben wir uns doch noch einmal umarmt.« Am Tag darauf stirbt sie.

Frau M. hat das als ganz wichtigen Moment in ihrem Leben empfunden, der sie mit ihrer Mutter ausgesöhnt hat – obwohl nichts mehr besprochen und nichts mehr geklärt wurde.

Mehr auf das zu achten, was da ist, als auf das, was fehlt, bedeutet nicht, daß über die Begrenzungen eines Menschen hinweggesehen werden darf, denn dann könnte ihm nicht die Unterstützung geboten werden, die er braucht. Entscheidend ist der Blickwinkel: Es ist etwas anderes, ob wir Grenzen von fehlenden (früher einmal vorhandenen) Fähigkeiten her betrachten oder aber von den Möglichkeiten, *die jetzt da sind.* Denn nur mit ihnen läßt sich die Realität bewältigen, nicht mit denen, die inzwischen fehlen.

Nicht in den Defiziten, sondern in den Ressourcen liegt das Potential, um Veränderungen zu bewältigen und Beeinträchtigungen zu überbrücken. Es gilt vorhandene – und bisher vielleicht schlummernde oder verschüttete – Ressourcen aufzuspüren, mit denen sich bis zu einem gewissen Grad Defizite ausgleichen und verlorene Fähigkeiten kompensieren lassen.

Das Prinzip, nicht defizit- sondern ressourcenorientiert zu arbeiten, setzt sich in der Betreuung von alten Menschen immer mehr durch. Doch im allgemeinen wird hauptsächlich als Ressource gesehen, was *noch* da ist. Das reicht nicht aus. Betreuende müssen ihr Auge schärfen für das, was *jetzt* da ist – vielleicht nur unscheinbar und auf den ersten Blick gar nicht als Ressource erkennbar. Möglicherweise brauchen Menschen in dieser Lebensphase ganz andere Ressourcen als die, welche wir als solche zu sehen gewohnt sind. Vergessen, zum Beispiel, das allgemein als Defizit gilt, kann zur Ressource werden auf einer Wegstrecke, auf der es auch darum geht, Ballast abzuwerfen.

Alt sein bedeutet nicht nur den Verlust von früher selbstverständlichen Fähigkeiten, sondern auch Befreiung von vielen Erfordernissen. Wer sich nicht mehr darum kümmern muß, daß der Alltag funktioniert, braucht die entsprechenden Fertigkeiten nicht mehr so dringend und kann dafür andere Potentiale entwickeln, die bisher vielleicht brachgelegen haben, weil sie nie benötigt wurden. Wer nicht mehr auf Reisen gehen kann, mag auf Entdeckungsreisen zu sich selber neues erfahren oder altes in neuem Licht sehen. Wenn die umgebende Realität zeitweise nicht mehr so deutlich wahrgenommen wird, tauchen vielleicht Bilder und Erinnerungen auf, die für diesen Menschen jetzt wichtiger sind als die unmittelbare Gegenwart.

Welche Erinnerungen für einen Menschen Bedeutung haben, welche Ereignisse seines Lebens für ihn *jetzt* wichtig sind, kann nicht von außen beurteilt werden. Auch hier gilt: eingehen auf das, was da ist, aber nicht nach dem bohren, was fehlt – nach dem, was verdrängt, vergessen oder hinter sich gelassen wurde.

Nicht alle mögen sich zu ihrem Leben äußern, manche möchten mit ihren Erinnerungen lieber allein sein. Andere wiederum sind glücklich, endlich einmal jemandem aus ihrem Leben erzählen zu können und vielleicht etwas loszuwerden, das sie schon lange beschäftigt und über das sie bisher noch nie gesprochen haben.

Entwicklung ist ein lebenslanger Prozeß

Entwicklung verläuft nicht linear, sondern spiralförmig. Der letzte Lebensabschnitt darf nicht nur als Zeit des Abbaus verstanden werden, obwohl unbestreitbar viele Fähigkeiten nachlassen. Das alles ist Teil einer Entwicklung: Entwicklung zum Lebensende hin. Da sind große Veränderungen zu bewältigen, körperlich und geistig. Bedeutungen und Werte, die ein Leben lang Gültigkeit hatten, verändern sich. Das Selbstkonzept muß diese Erfahrungen verarbeiten und sich entsprechend wandeln. Das ist ein manchmal schmerzlicher Entwicklungsprozeß, denn die Veränderungen in der letzten Phase des Lebens sind nicht immer leicht anzunehmen. Sie werden oft als negativ erlebt, vor allem dann, wenn sie auch vom Umfeld so bewertet werden. Sie als Entwicklungsschritte zu sehen, eröffnet eine neue Perspektive, welche die Aussöhnung mit diesen Veränderungen erleichtert.

Wieder geht es um den anderen Blickwinkel, der neue Möglichkeiten des Verstehens erschließt, und nicht darum, bestimmte Entwicklungsschritte zu erwarten oder gar herbeiführen zu wollen. Zu befinden, jemand müßte noch dieses oder jenes lernen, erreichen oder verarbeiten, steht Betreuenden nicht zu. Hingegen müssen sie Entwicklungsschritte – selbst ganz kleine – *sehen,* anerkennen und unterstützen. Diese werden selten in meßbaren »Leistungen« sichtbar, sondern in Veränderungen der inneren Haltung. Für manche Menschen wird in diesem Lebensabschnitt die persönliche, innere Welt wichtiger als die äußere, deshalb können Veränderungen, die von außen gesehen als Rückschritte erscheinen, auf der letzten Wegstrecke des Lebens durchaus auch Entwicklungsschritte sein.

Beispiel

Herr L., 92, wollte bisher jeden Morgen beim Frühstück die Nachrichten im Radio hören. Auf einmal, seit zwei Tagen will er das nicht mehr, und bittet die Betreuenden das Radio nicht anzustellen. Die Betreuenden verstehen das nicht. »Warum denn, Herr L. Sie wollten doch immer wissen, was in der Welt los ist. Möchten Sie nicht doch, daß wir Ihnen das Radio anstellen?« wird er gefragt. Herr L. schüttelt den Kopf. In der Teambesprechung äußern sich die Betreuenden besorgt darüber, daß »Herr L. wieder ein Stück abgebaut hat«.

Man kann das auch anders sehen: Herr L. hat einen weiteren Schritt auf seinem Lebensweg gemacht, und die Tagesaktualität ist für ihn jetzt nicht mehr wichtig. Ist das in dieser Entwicklungsphase wirklich negativ zu bewerten? Ich meine, im Gegenteil: Herr L. hat mit etwas abschließen können, was ihm bisher wichtig gewesen war.

Selbstverantwortung hat existentielle Bedeutung

Verantwortung für das eigene Handeln zu übernehmen ist ein existentielles Bedürfnis und ein maßgebender Aspekt des Lebens. Nur wer Verantwortung für sich übernehmen kann, fühlt sich als handelnder Mensch und nicht als fremdbestimmtes Objekt. Deshalb muß jedem Menschen im Rahmen seiner Fähigkeiten und Möglichkeiten Selbstverantwortung zugestanden und zugetraut werden.

Die Möglichkeiten, Verantwortung für sich zu übernehmen, sind bei Menschen, die Betreuung brauchen, naturgemäß beschränkt: Das darf jedoch nicht dazu führen, daß sie ihnen *ganz* abgenommen wird. Es läßt sich *immer* irgendein Bereich finden, und sei er noch so klein, in denen jemand Verantwortung übernehmen *kann*, selbst wenn die Fähigkeiten sehr eingeschränkt sind, und in diesem Bereich *muß* ihm die Verantwortung überlassen werden. Für die Bezugspersonen ist es eine spannende Aufgabe, herauszufinden, wo das möglich ist. Das kann etwas ganz Unspektakuläres sein: selber entscheiden, ob die Zimmertüre offen gelassen oder zugemacht werden soll; gefragt werden, ob es recht sei, jetzt zur Toilette gebracht zu werden. Das mag Betreuenden, die selber vielleicht mehr Verantwortung tragen müssen als ihnen lieb ist, belanglos erscheinen, doch für Menschen, die schon so viel Verantwortung abgeben mußten, bedeuten solche kleinen alltäglichen Dinge viel. Selber verantwortlich sein bedeutet, sein Leben noch ein Stück weit selber in der Hand zu haben und nicht in allem und jedem von anderen abhängig zu sein. Das hebt das Selbstwertgefühl und die Lebensqualität.

Je weniger Möglichkeiten Menschen haben, Verantwortung für sich zu übernehmen, desto wichtiger wird es, sie ihnen *nicht ganz* abzunehmen, damit nicht Hilflosigkeit und Abhängigkeit immer noch größer werden und das Selbstwertgefühl schließlich völlig verkümmert.

Beispiel

Frau W., die seit ihrem Schlaganfall gelähmt ist und nicht mehr sprechen kann, lebt im Pflegeheim. Sie hat Besuch von einer Freundin, die sehr gut auf sie eingeht und über deren Besuch sie sich sichtlich freut. Der Pfleger kommt herein, um das Kaffeegeschirr abzuräumen. Plötzlich fällt ihm ein, daß im Aufenthaltsraum ein Kinderchor für die Pflegeheimbewohnerinnen Lieder singt. Er packt den Rollstuhl: »Schnell Frau W., draußen ist was los«, und fährt die verdutzte Frau hinaus, ohne die ebenso verdutzte Besucherin zu beachten oder sich zu vergewissern, ob Frau W. sich überhaupt für die singenden Kinder interessiert oder nicht vielleicht lieber mit ihrer Freundin im Zimmer bleiben möchte.

Dieses Nicht-Respektieren der Selbstverantwortung ist leider im Alltag von Institutionen sehr verbreitet. Der Pfleger hat es sicherlich gut gemeint und wollte, daß Frau W. die Attraktion nicht verpaßt. Aber »es gut meinen« rechtfertigt nicht, sich über die Wünsche und Eigenverantwortlichkeit anderer Menschen hinwegzusetzen, schon gar nicht von pflegebedürftigen Menschen, deren Entscheidungsspielraum ohnehin sehr eingeschränkt ist. Denn dadurch wird ihre Abhängigkeit immer größer, bis sie sich gar nicht mehr zutrauen, daß sie selber eine Entscheidung treffen und die Verantwortung dafür übernehmen können.

Die Person ist mehr als ihr gegenwärtiger Zustand

Wieder eine Binsenwahrheit – doch sie gilt besonders für alte Menschen, die ein langes Leben hinter sich haben. Vielleicht ist davon wegen ihrer Beeinträchtigungen nach außen nicht mehr viel spürbar, dennoch dürfen sie nicht auf ihr gegenwärtiges äußeres Bild reduziert werden. Ihr Hintergrund und ihre Vergangenheit müssen mit einbezogen werden – selbst wenn nichts oder kaum etwas darüber bekannt ist.

Beispiel

Frau F., 85 Jahre alt, eine hochgebildete Frau, ehemalige Universitätsprofessorin und früher sehr angesehene Wissenschaftlerin, die viel publiziert hat, ist nun im Pflegeheim und auf den Rollstuhl angewiesen. Sie braucht Hilfe für alle Lebensbereiche, hat sich aber bis vor kurzem immer noch mit ihren naturwissenschaftlichen Fachbüchern beschäftigt. Doch sie wird immer schwächer, und obwohl sie nicht im eigentlichen Sinn dement ist, lassen ihre geistigen Fähigkeiten nach. Sie haßt es, im Roll-

stuhl zu den Angeboten des Hauses gebracht zu werden. Was da geboten wird (Vorlesen, Basteln, Unterhaltung), interessiert sie überhaupt nicht. Immer wieder äußert sie Pflegekräften und ehrenamtlichen Helfern gegenüber, daß sie nicht zu solchen Veranstaltungen abgeholt werden will. Trotzdem geschieht es immer wieder, daß eine Pflegeperson ins Zimmer kommt: »Sie sitzen ja wieder so allein hier – ich bring sie zu den anderen«, den Rollstuhl packt und sie zu der Veranstaltung bringt.

Frau F. begreift nicht sofort, sondern merkt erst nach und nach, wo sie wieder hingebracht wird. Alle ihre Proteste nützen nichts. Als eine ehrenamtliche Helferin dieses Thema ansprach, bekam sie zur Antwort: »Da ist sie eine Weile weg und kann nicht dauernd auf die Klingel drücken. Wir brauchen auch mal unsere Ruhe.«

So verständlich es ist, daß den Pflegepersonen das ständige Klingeln auf die Nerven geht, auf diese Weise ist das Problem nicht zu lösen. Das ständige Klingeln und der Widerwille von Frau F. gegen die Veranstaltungen sind zwei ganz verschiedene Dinge, die jedes für sich betrachtet werden müssen. Es wäre in diesem Fall leicht nachzuvollziehen gewesen, daß Frau F. diese Angebote nicht interessierten, denn ihr Hintergrund war den meisten Mitarbeitenden bekannt. Das ist sehr oft nicht der Fall, doch zu wissen, was früher war, ist viel weniger wichtig als zu *respektieren, daß* da noch viel mehr war, von dem die Betreuenden keine Ahnung haben. Selbstverständlich kann es hilfreich sein, die Lebensgeschichte eines Menschen zu kennen, aber das ist nicht immer möglich und auch nicht unbedingt nötig. Das Entscheidende ist, alten Menschen mit Achtung für ihre gesamte Persönlichkeit, also auch für das »Unbekannte« in ihnen, zu begegnen und sie nicht nur auf ihren gegenwärtigen Zustand zu reduzieren. Die *Achtung vor dem Unbekannten* im anderen Menschen gehört untrennbar zur personzentrierten Haltung. Sie ist unentbehrlich für eine sinnvolle Betreuung, weil sie für die betroffenen Menschen sehr wohl spürbar ist und einen nicht zu unterschätzenden Einfluß auf ihre Befindlichkeit hat.

Es gibt nicht nur (m)eine Realität

Die Realität gibt es nicht. Realität hat viele Facetten, von denen wir gar nicht alle zugleich wahrnehmen können. Da ist die äußere Realität: das, was uns umgibt, Räume, Gegenstände, Fakten, die Straße, die Stadt, die Landschaft, die Jahreszeit, das Wetter usw., aber auch Ereignisse, persönliche und allgemeine verschiedenster Art: Geburtstag, ein Unfall, der Fahrplanwechsel usw. Und da ist die innere Realität unserer Gefühle, Empfindungen, Erfahrungen, Träume, Reaktionen. Diese beiden Realitäten sind nicht scharf voneinander getrennt, sondern durchdringen sich gegenseitig: die äußere Realität beeinflußt unsere Gefühle und Stimmungen; die innere Realität beeinflußt unsere Wahrnehmung der äußeren Realität. Beide sind ineinander verflochten. Deshalb unterscheiden sich nicht nur die inneren Realitäten verschiedener Menschen voneinander, auch die äußere Realität wird von jedem Menschen anders wahrgenommen. Das zeigt sich deutlich, wenn verschiedene Menschen denselben Ort oder dasselbe Ereignis beschreiben: die Beschreibungen stimmen nie ganz überein, ja sie unterscheiden sich oft ganz erheblich voneinander. Unsere Wahrnehmung ist selektiv, das heißt, wir wählen aus, sehen und übersehen individuell unterschiedliche Aspekte der Realität – und neigen dazu, was *wir* wahrnehmen für *die* Realität zu halten.

Daß es uns schwerfällt, die Realitätswahrnehmung anderer Menschen genau wie die eigene als Teilaspekte einer in ihrer Gesamtheit gar nicht überblickbaren Wirklichkeit zu betrachten und gelten zu lassen, behindert insbesondere das Verständnis für verwirrte, psychisch oder geistig beeinträchtigte Menschen, deren Wahrnehmung der Realität uns fremd, unannehmbar – eben »verrückt« erscheint. Andere Menschen ernst nehmen heißt anerkennen, daß ihre Realität eine andere ist als unsere, jedoch *nicht* ihre Wahrnehmung zu übernehmen. Das wäre nicht kongruent.

Auf keinen Fall dürfen Betreuende anderen Menschen vormachen, sie teilten ihre Wahrnehmung, sei es aus Bequemlichkeit, oder weil sie etwas von ihnen zu erreichen hoffen, oder sie überlisten wollen. Das kommt leider immer wieder vor, ja wird sogar als Methode propagiert. Morton erwähnt ein erschreckendes Beispiel, »wie ein hospitalisierter Mann mit Demenz konsequent in der Überzeugung bestärkt wurde, er befinde sich in einem Luxushotel und sogar dazu überredet wurde, Beruhigungsmittel zu nehmen, indem man ihm sagte, ›die Hotelleitung habe diese Pillen extra für ihn bestellt‹« (Morton, 2002, S. 232). Ein solches Verhalten ist nicht nur eine Geringschätzung des anderen Menschen, sondern widerspricht dem Grundsatz der Kongruenz, und hat mit dem Ernstnehmen seiner Realität nichts zu tun. Die Realität eines anderen Menschen ernst nehmen heißt, gelten zu lassen, daß jeder Mensch einen anderen Ausschnitt der Wirklichkeit erfaßt, der mit seiner Persönlichkeit und seiner Biographie zusammenhängt. Es geht nicht darum, dem anderen Menschen etwas vorzumachen, sondern ihm zu vermitteln, daß wir seine Realität ebenso als die *seine* gelten lassen wie unsere Realität als die *unsere*.

Wenn für Frau M. die innere Realität zeitweise mehr im Vordergrund steht als die äußere, so hat das nicht nur mit Abbau und Desorientiertheit zu tun, sondern hängt vielleicht mit einem Entwicklungsschritt zusammen, den sie gerade zu bewältigen hat. Wenn Herr L. einen Vorfall ganz anders schildert als Herr S., so hat das mit ihren unterschiedlichen Biographien, Erfahrungen und Befindlichkeiten zu tun und muß nicht bedeuten, daß der eine recht hat und der andere unrecht.

»So kann man es auch sehen« ist eine nützliche und sehr befreiende Einsicht, die nicht nur das Verständnis für andere Menschen erleichtert, sondern auch den eigenen Horizont erweitert.

Besonders im Umgang mit Menschen, die an Demenz leiden, ist Offenheit für verschiedene Aspekte der Realität unentbehrlich. Von der Vielfalt der Wirklichkeit(en) wird in Kapitel 7 noch ausführlich die Rede sein.

SIEBEN GRUNDSÄTZE FÜR DEN UMGANG MIT ALTEN MENSCHEN

- Klarheit schafft Sicherheit und Vertrauen.
- Das Erleben ist der Schlüssel zum Verstehen und Handeln.
- Entscheidend ist nicht was fehlt, sondern was da ist.
- Entwicklung ist ein lebenslanger Prozeß.
- Selbstverantwortung hat existentielle Bedeutung.
- Die Person ist mehr als ihr gegenwärtiger Zustand.
- Es gibt nicht nur (m)eine Realität.

4 Worauf kommt es im Alltag an?

Aus den beschriebenen Grundsätzen lassen sich konkrete Richtlinien für den Alltag ableiten. Es handelt sich dabei nicht um starre Regeln, sondern um ein Gerüst, an dem sich Betreuende orientieren können, um einen verbindlichen Rahmen, der zugleich den notwendigen Spielraum offen läßt, damit das Handeln jeweils den beteiligten Personen und den Erfordernissen der Situation angepaßt werden kann.

Ernstnehmen

Das ist die Grundvoraussetzung, auf der alles andere beruht. Jeder Mensch muß in seiner ganz persönlichen Eigenart und Ausdrucksweise ernst genommen werden, auch wenn sie fremd, unverständlich, wirr oder realitätsfern erscheint. Etwas versucht sich darin auszudrücken, das respektiert werden muß, selbst wenn wir es nicht verstehen. Es ist nicht immer möglich, den Schleier der Verwirrung zu durchdringen und seltsam erscheinendes Verhalten zu begreifen. Doch es ist ein entscheidender Unterschied, ob wir es als absurd und sinnlos abtun, oder ob wir annehmen, daß es für die betroffenen Menschen einen Sinn hat, der uns verborgen bleibt. Diese Haltung wird von ihnen mit Sicherheit wahrgenommen und ermöglicht eine ganz andere Qualität der Beziehung, als wenn sie einfach als »verwirrt«, »verrückt« oder »abgebaut« etikettiert werden. Zu versuchen, sich in die Wahrnehmungen und Empfindungen anderer Menschen einzufühlen, auch wenn sie schwer nachvollziehbar sind, erweitert den Horizont der eigenen

Wahrnehmung. Allein schon der *Versuch,* zu verstehen, eröffnet einen besseren Zugang zu anderen Menschen, hilft verschüttetes Potential aufzuspüren und schlummernde Ressourcen zu wecken, zumindest jedoch die vorhandenen wachzuhalten, so daß sie nicht ganz verkümmern.

Manchmal sind scheinbar verworrene, unrealistische Aussagen auch viel realer, als wir zunächst glauben.

Beispiel

Frau M., eine zweiundachtzigjährige Frau, wird durch eine spanisch sprechende Angestellte im Pflegeheim an eine Reise nach Argentinien erinnert, die sie als achtzehnjähriges Mädchen gemacht hat. Sie erzählt der Pflegeperson von der Überfahrt auf dem Ozeandampfer, von ihrem Onkel, der sie eingeladen hat auf sein Landgut. Für die Pflegeperson ist das eine unbekannte Welt, an die sie nicht recht glauben kann. Da Frau M. oft verwirrt ist, tut sie ihre Erzählung als Phantasieren ab. Sie sagt zwar »jaja«, aber hört nur mit halbem Ohr hin. Frau M. merkt das und regt sich auf. Zufällig kommt die Tochter dazu, die weiß, daß diese Reise nach Argentinien tatsächlich ein einschneidendes Ereignis im Leben ihrer Mutter gewesen ist. Die Pflegeperson ist sehr erstaunt und hat Mühe, das zu akzeptieren, weil es nicht in das Bild paßt, das sie sich von der verwirrten alten Frau gemacht hat.

Es war also ein durchaus reales und für ihr Leben bedeutungsvolles Geschehen, an das sich Frau M. – trotz zeitweiliger Verwirrtheit – ganz deutlich erinnerte. Ihr aufmerksam zuzuhören und ihre Erzählung ernstzunehmen, hätte der Pflegeperson aufschlußreiche Informationen über die Lebensgeschichte und die Welt von Frau M. vermitteln und neue Perspektiven für ihre Beziehung zu ihr eröffnen können.

Auch Bedürfnisse und Wünsche müssen ernst genommen werden, unabhängig davon, ob sie erfüllt werden können oder nicht.

Es ist etwas ganz anderes, ob ein Wunsch, der aus guten Gründen nicht erfüllt werden kann, als solcher gutgeheißen, oder ob er an sich schon mißbilligt oder einfach stillschweigend übergangen wird. Diese Unterscheidung fällt uns schwer; wir neigen dazu, gutheißen mit erfüllen gleichzusetzen und einen Wunsch sofort abzuwehren, wenn das nicht möglich ist (obwohl wir es vielleicht gerne möchten). Vielleicht, weil es uns schwerfällt, unsere Grenzen zu akzeptieren – in diesem Fall die Unmöglichkeit, einen berechtigten Wunsch zu erfüllen?

Zum Ernstnehmen gehört auch etwas eigentlich Selbstverständliches, das aber in der Praxis nicht immer befolgt wird: Niemals *über* anwesende Personen sprechen, sondern *mit ihnen,* auch wenn sie scheinbar »nicht da« oder »sprachlos« sind. Sie nehmen meist viel mehr Sprache auf, als wir ahnen, und haben ein empfindliches Sensorium dafür, ob und mit welchem Unterton von ihnen die Rede ist. Das wird allzu leicht vergessen. Die Unsitte über im gleichen Raum anwesende nicht sprechende, verwirrte oder an Demenz leidende Menschen zu reden, als wären sie nicht da – in der irrigen Meinung, sie würden es sowieso nicht verstehen –, ist sowohl in Institutionen wie in Familien verbreitet. Das hat verheerende Auswirkungen auf das Selbstkonzept, dem sich Sätze einprägen wie »mich gibt es gar nicht«, »ich bin niemand mehr«. So werden Verwirrtheit und Realitätsferne verstärkt oder gar ausgelöst, statt ihnen entgegenzuwirken. Daß Menschen im fortgeschrittenen Stadium der Demenz nur noch eine »leere Hülle« seien, ist eine sehr gewagte und gefährliche Annahme, die weder erwiesen noch mit dem Grundsatz vereinbar ist, andere Menschen ernst zu nehmen. Wir können nicht wissen, wie es in ihnen aussieht, wie sie die Außenwelt wahrnehmen und was sie empfinden. Deshalb müssen wir hellhörig werden für die subtilen Hinweise, die von ihnen ausgehen.

Zuhören mit allen Sinnen

Ohne Zuhören ist keine zufriedenstellende Betreuung oder Begleitung möglich. Zuhören ist die Basis, auf der die personzentrierte Haltung sich entfaltet. Nur wer zuhört, kann anderen Menschen gerecht werden. Betreuende müssen in erster Linie zuhören: Menschen mit Behinderungen, die Mühe haben, sich auszudrücken; alten Menschen, auch wenn ihre Äußerungen realitätsfern oder verworren erscheinen; auf Nuancen hören, auf Hinweise für Veränderungen, für eigenständige Impulse, Bedürfnisse oder Wünsche, auf Gefühlsäußerungen und Stimmungen hören. Zuhören ist die Voraussetzung, um verstehen zu können, wie andere Menschen empfinden und was sie brauchen, und um herauszufinden, wie man am besten auf sie eingeht. Bevor Bezugspersonen handeln oder Maßnahmen treffen können, müssen sie zuhören. Und zwar: zuhören *mit allen Sinnen*, also auch auf Reaktionen, Gefühle, Empfindungen achten, die keinen sprachlichen Ausdruck finden.

Zuhören mit allen Sinnen bedeutet auch hinschauen – nicht um Verhalten zu beobachten und es dann zu deuten oder zu bewerten, sondern um sich in die Situation des anderen Menschen *einzufühlen* und *Hinweise für sein Erleben* zu finden. Ist Frau U. verspannt oder gelöst? Schaut Herr K. ängstlich, traurig oder fröhlich drein? Sucht Frau E. Nähe, oder zieht sie sich lieber zurück? Wie reagiert Herr F. auf mein Verhalten, was scheint Frau H. zu mögen? Was ist Herrn B. offenbar unangenehm? An solchen Hinweisen muß sich Betreuung orientieren. Sie sagen manchmal mehr aus als sprachliche Äußerungen.

Beispiel

Herr V. sitzt in seinem Rollstuhl im Garten und wartet auf den Besuch seiner Tochter. Plötzlich ruft er laut nach der Betreuerin. »Ich muß in den Garten«, sagt er. Die Betreuerin schüttelt den Kopf: »Sie sind im Garten, Herr V. Ihre Tochter kommt bald.«

Herr V. wird immer aufgeregter und drängt, er müsse in den Garten. Die Betreuerin versichert ihm immer wieder, er sei doch schon im Garten. Doch Herr V. läßt nicht locker und erregt sich immer mehr. Da kommt der Betreuerin die erlösende Idee: »Zeigen Sie mir doch einfach, wo Sie hinwollen, Herr V.« Er zeigt auf die Haustüre: »Dort in den Garten.« Die Betreuerin fährt ihn ins Haus. Erleichtert zeigt er auf die Tür zur Toilette: »Da, da muß ich hin.«

Viel wichtiger als der Wortlaut von Herrn V.s Äußerungen waren sein Drängen und seine wachsende Erregung. Die Betreuerin hat sehr klug gehandelt, indem sie auf diese nonverbalen Zeichen reagierte. Sie beharrte nicht weiter darauf zu widerlegen, was er sagte, sondern bot ihm statt dessen eine Möglichkeit, ihr anders als mit Worten klarzumachen, was er eigentlich wollte.

Wortverwechslungen kommen bei alten Menschen öfters vor, auch wenn sie nicht an Demenz leiden. In milder Form gehören sie, wie das Vergessen von Namen, zu den Begleiterscheinungen des Alterns, von denen viele Menschen betroffen sind. Doch im Unterschied zu Demenzkranken wird ihnen der Irrtum meist bewußt, kaum haben sie das falsche Wort ausgesprochen.

Auf das Erleben eingehen

Eine auf Lebensqualität und Wohlbefinden der Menschen ausgerichtete Betreuung muß deren subjektives Erleben einbeziehen. Nur wenn betreuende Personen darauf achten, wie etwas erlebt wird, können sie sinnvoll handeln. Das bezieht sich auch auf ganz einfache Dinge der täglichen Routine. Schätzt es Herr G., wenn das Radio angestellt wird, oder reagiert er unwirsch auf das Gedudel? Wie ist das für Frau T., wenn sie von einer männlichen Pflegeperson gewaschen wird? Hat Frau K. es gern, wenn ihr die Betreuerin über die Haare streicht, oder empfindet sie es als

Zudringlichkeit? Schätzt es Herr M., wenn sein Rollstuhl zu den anderen an den Tisch geschoben wird, oder sitzt er lieber für sich allein und schaut zum Fenster hinaus? Findet es Frau N. schön, wenn die Sonne auf ihr Bett scheint, oder blendet sie das helle Licht? Solche Dinge müssen Bezugspersonen aufmerksam wahrnehmen und versuchen – wo immer es geht – einzuschränken, was als unangenehm, und auszubauen, was als angenehm erlebt wird.

Nicht immer können die Umstände so verändert werden, wie es wünschenswert wäre; aber es ist schon wohltuend und erleichternd für die betroffenen Menschen, wenn die Bezugspersonen ihr Erleben beachten und nicht einfach übergehen.

Beispiel

Eine Begleiterin, die Frau C. zum Spaziergang abholen will, findet sie weinend vor der Haustür des Pflegeheims. Im Gespräch stellt sich heraus, daß Frau C. Angst bekommt, wenn die anderen Bewohnerinnen miteinander streiten. Sie möchte dann am liebsten davonrennen und verschwinden. Von da an achten die Betreuenden vermehrt auf Frau C., wenn es laut wird auf der Abteilung. Sie sprechen ein paar Worte mit ihr oder nehmen sie beiseite. So fühlt sich Frau C. ihrer Angst weniger ausgeliefert.

Entscheidend ist, daß die Menschen spüren: wie ich es erlebe, wird von den Betreuenden ernstgenommen, auch wenn die Situation vielleicht nicht zu ändern ist. Viel zu oft wird beharrlich versucht, objektive Fakten richtigzustellen, anstatt auf das subjektive Erleben einzugehen.

Beispiel

Frau H. und Frau D., die beide im Altersheim leben, verstehen sich gut und sind viel zusammen. Eines Tages verliert Frau D. ihren Schlüssel. Frau H. regt sich furchtbar auf und gibt sich die Schuld daran, daß ihrer Freundin das passiert ist. Obschon sie gar nicht dabei war, kann sie sich nicht mehr beruhigen und sagt immer wieder: »Ich bin schuld, daß Frau D. den Schlüssel verloren hat.« Die Betreuerin versucht ihr das auszureden, aber es nützt nichts. Frau H. fängt immer wieder von neuem damit an. Schließlich versucht es die Betreuerin anders: »Sie sind traurig, daß Frau D. den Schlüssel verloren hat.« Frau H. nickt und beruhigt sich bald.

Auf das Erleben anderer Menschen einzugehen ist wesentlich spannender, befriedigender und hilfreicher als über Fakten zu streiten. Manchmal sagen alte Menschen im Heim: »Ich gehe jetzt nach Hause«, oder »Ich will nach Hause«, und bekommen zur Antwort: »Sie sind jetzt hier zu Hause.« Dann regen sie sich auf, fangen an zu weinen oder zu streiten, und es beginnt ein zermürbendes Hin und Her, bis einer der beiden Gesprächspartner resigniert aufgibt. Viel sinnvoller wäre es zu versuchen, das Erleben zu erfassen, das hinter dieser Aussage steht, zum Beispiel: »Sie haben Heimweh«, oder »Sie denken oft an zu Hause«, oder »Sie haben sich hier noch nicht so richtig einleben können«, damit sich der andere Mensch in seiner Befindlichkeit wahrgenommen und angenommen fühlt.

Auf das Erleben und vor allem auf die Gefühle eines Menschen einzugehen, ist für die meisten ungewohnt. Wir sind viel mehr darauf ausgerichtet, auf der Sachebene miteinander zu kommunizieren. Sich auf die Ebene des Erlebens und der Gefühle einzulassen erfordert nicht nur Einfühlungsvermögen – es muß auch eingeübt werden. *Psychische Begleitung* (vgl. S. 90–92) sollte deshalb zum Handwerkszeug aller Betreuenden gehören. Es braucht eine offene Wahrnehmung und zugleich sehr viel Behutsamkeit, um Menschen in ihrem Erleben zu begleiten, ohne sich ihnen dabei aufzudrängen.

»Anklopfen«

im wörtlichen wie im übertragenen Sinn ist eine Grundbedingung, um die – wohl im Leitbild jeder Institution verankerte – Forderung nach Achtung vor der Menschenwürde zu erfüllen.

Anklopfen, bevor sie ein Zimmer betreten, sollte für alle Mitarbeitenden, auf allen Ebenen, eine Selbstverständlichkeit sein, weil sie damit zum Ausdruck bringen, daß die die persönliche Sphäre des anderen Menschen respektieren. Dies ist jedoch keineswegs überall selbstverständlich.

Beispiel

Eine Bekannte besucht Frau L. im Altersheim. Sie ist mit ihr in ein Gespräch vertieft, als plötzlich eine Angestellte ins Zimmer kommt und ohne ein Wort zu sagen anfängt, Wäsche in den Schrank zu räumen. Die alte Dame, die mit dem Rücken zum Schrank sitzt, bemerkt das zuerst gar nicht, erst als sie sich umdreht, sieht sie die Angestellte und erschrickt. Es wäre das mindeste, zuerst anzuklopfen und dann zu sagen, ich bringe Ihnen ihre Wäsche Frau L. oder sogar zu fragen: Ist es Ihnen recht, wenn ich jetzt die Wäsche in Ihren Schrank räume? Vielleicht hat Frau L. ja nur selten Besuch und möchte jetzt lieber mit ihrer Bekannten allein sein.

Das mag belanglos erscheinen, aber solche Kleinigkeiten tragen wesentlich dazu bei, daß in einer Institution ein Klima gegenseitiger Achtung entsteht, das den Mitarbeitenden ebenso zugute kommt wie den Pensionären. Das ist auch für die Menschen wichtig, die wenig aufzunehmen scheinen, die nicht reagieren und von denen kein »herein« zu erwarten ist. Vielleicht ist die Achtung ihrer persönlichen Sphäre – oder deren Fehlen – für sie eben doch irgendwie spürbar. Zum Anklopfen gehört ein Moment des Abwartens – nicht wie es eine Betreuende selbstkritisch beschreibt: »Man klopft vielleicht schon an, aber stürzt dann sofort ins Zimmer.« Es sollte eine kleine Zäsur erfolgen, die es der anderen Person ermöglicht, das Klopfen zu registrieren und sich darauf einzustellen, daß gleich jemand hereinkommen wird. Den Betreuenden hilft dieses kurze Innehalten, beiseite zu legen, was sie vorher beschäftigt hat, und sich jetzt ganz auf den Menschen einzustellen, dessen Zimmer sie betreten.

Die Grundregel »anklopfen« ist auch im übertragenen Sinn zu verstehen: Wenn jemand gewaschen, zur Toilette gebracht oder gefüttert werden soll, muß zuerst »angeklopft«, das heißt gefragt werden, ob es ihm oder ihr recht ist. Anklopfen ist notwendig, damit sich der andere Mensch ernst genommen fühlt und nicht wie ein Objekt vorkommt, über das einfach verfügt wird. Das gilt für alle pflegerischen und therapeutischen Handlungen. Die Menschenwürde fängt bei der Intimsphäre an – der körperlichen wie der seelischen. Pflegebedürftig sein heißt Eingriffe in die Intimsphäre erdulden müssen. Das ist unangenehm genug, deshalb ist es unbedingt notwendig, zuerst mit einer Frage oder auch mit einer behutsamen Geste »anzuklopfen«, damit der betroffene Mensch sich auf das, was kommt, einstellen – und vielleicht auch einmal nein sagen kann, oder: jetzt nicht. Das wird selten vorkommen und den geordneten Ablauf weniger stören als die (leider häufigen) Machtkämpfe mit »schwierigen« Personen, die sich stets gegen alles wehren. Das würden sie viel weniger tun, wenn sie eine Wahl hätten. Gefragt werden – ob mit Worten oder Gesten – heißt Verantwortung für sich übernehmen können. Aus der Sicht der Bezugspersonen mag es sich dabei um belanglose Nebensächlichkeiten handeln, doch für das Selbstwertgefühl der Betroffenen bedeutet es viel, wenn sie merken: Es wird nicht einfach über mich bestimmt, ich kann selber etwas dazu sagen, ich werde ernst genommen.

Auch Gespräche, Spaziergänge, Spiele, Bastelnachmittage etc. dürfen alten Menschen nicht aufgedrängt werden, sondern müssen ein Angebot bleiben, zu dem sie ja oder nein sagen können. Selbst bei verwirrten Menschen, die Fragen nicht beantworten können oder vielleicht nicht einmal verstehen, lassen sich Anzeichen erkennen, ob ihnen etwas willkommen oder zuwider ist. Sensibel auf solche Anzeichen zu achten und sie zu berücksichtigen gehört zu einer guten Betreuung.

Eigenständigkeit unterstützen

Ich spreche hier bewußt nicht von Selbständigkeit, sondern von Eigenständigkeit. Daß die Selbständigkeit alter Menschen gefördert werden soll, wird kaum jemals bestritten. Nur zeigt sich bei genauerem Hinsehen, daß »Förderung der Selbständigkeit« oft sehr genaue Vorstellungen darüber beinhaltet, was alte Menschen »selbständig« tun sollten, nämlich ganz bestimmte Verrichtungen erledigen. Ob das auch dem entspricht, was *sie selbst* wollen, wird selten gefragt.

Alte Menschen haben ein Recht, sich helfen zu lassen, wenn ihnen etwas beschwerlich ist, und dieses Recht muß ihnen zugestanden werden. Sie haben ein Leben hinter sich, haben einiges geleistet und brauchen jetzt beides: sowohl sich zurücklehnen und helfen lassen wie auch selber handeln können. Wann, wie und in welchem Maß sie was möchten, sollten sie selber entscheiden können, denn das ist individuell ganz verschieden. Die einen sind froh, wenn ihnen beim Anziehen geholfen wird, andere möchten genau das nicht, sondern machen es lieber selber, auch wenn es länger dauert. Diese unterschiedlichen Bedürfnisse sind für Hilfestellungen maßgebend, nicht was für die Betreuenden einfacher und bequemer ist. Förderung der Selbständigkeit kippt sonst leicht in Bevormundung um.

Eigenständig handeln kann für alte Menschen auch einmal heißen, den ganzen Tag im Bett liegen zu bleiben oder am gemeinsamen Ausflug nicht teilzunehmen. Eigenständig handeln bedeutet immer auch: Verantwortung für sich übernehmen. Und das brauchen Menschen, um sich als selber Handelnde – und nicht als

Objekte – zu fühlen. Deshalb muß alten Menschen, wo immer es irgendwie möglich ist, Eigenständigkeit zugestanden werden, auch wenn sie sich dann vielleicht anders verhalten, als die Betreuenden es gerne hätten.

Beispiel

Frau A. ist 96. Sie lebt im Pflegeheim, kann noch sehr klar denken und freut sich, daß sie noch gehen kann. Trotzdem äußert sie manchmal den Wunsch, bald zu sterben. Oft lehnt sie das Essen ab, weil sie einfach nicht mag. Regelmäßig wird sie von den Pflegenden ermahnt: »Wenn Sie nicht essen, können Sie bald nicht mehr gehen.« Sie wissen, wie wichtig es für Frau A. ist, daß sie noch gehen kann, und hoffen, sie auf diese Weise zum Essen zu bewegen.

Diese Einschüchterung ist durch nichts zu rechtfertigen, denn an manchen Tagen ißt Frau A. durchaus mit Appetit und Genuß. Es besteht also keinerlei Grund, sie zu bevormunden und ihre Eigenständigkeit in diesem Punkt nicht zu respektieren. Die Mahnung »Sie sollten aber essen!« ist überflüssig und fehl am Platz.

Eigenständigkeit respektieren heißt auch, den persönlichen Rhythmus eines Menschen berücksichtigen. Im Alter ist der Organismus nicht mehr so leicht zu überlisten, er verlangt vermehrt sein Recht und läßt sich schlecht in starre Zeitpläne sperren. Essen, wenn man Hunger hat, schlafen, wenn man müde ist: das ist eine Kraftquelle, die nicht zugeschüttet werden darf. Es ist unsinnig und kontraproduktiv, den Organismus unnötig zu strapazieren, besonders wenn die Kräfte ohnehin nachlassen. Selbstverständlich muß es in einer Einrichtung einen gewissen Zeitplan für den Tagesablauf geben. Doch die alten Menschen zu einer bestimmten Zeit zu wecken, anstatt sie ausschlafen zu lassen, schadet ihrer Gesundheit. Und seit es die Mikrowelle gibt, ist es gewiß kein unzumutbarer Aufwand mehr, eine Mahlzeit auch einmal zu einer ungewohnten Zeit aufzuwärmen, wenn jemand die Essenszeit verschlafen hat. Wichtig ist auch die Möglichkeit, nachts Licht machen und etwas trinken oder knabbern zu können, denn nächtliche Unterzuckerung bewirkt Verwirrtheitszustände und »Wiederholte Unterzuckerungszustände beschleunigen dementielle Entwicklungsprozesse« (Grond [1984] 1992, S. 80). Daß immer noch »in Altenheimen zwischen Abendessen und Frühstück 14 bis 15 Stunden vergehen und die durch Unterzuckerung bedingte Verwirrtheit mit Halldol verschlimmert« wird (ebd.), ist nicht nur eine Unsitte, sondern geradezu eine gesundheitsschädigende Vernachlässigung.

Kleine Schritte beachten und ermutigen

Viele alte Menschen werden durch das Abnehmen ihrer Fähigkeiten verunsichert, verlieren den Mut und trauen sich manchmal nicht einmal mehr das zu, was sie eigentlich könnten. Gewiß darf solchen Gefühlen nicht mit wohlfeiler Ermunterung begegnet werden, im Sinne von: »Es ist doch alles halb so schlimm.« Aber Betreuende sollten aufmerksam auf die kleinen Schritte achten, die immer noch, auf einmal wieder oder ganz neu gelingen, sie anerkennen und bestärken. Auch unscheinbare kleine Schritte dürfen im Alltag nicht untergehen, sondern müssen beachtet und ermutigt werden.

Alte Menschen, deren Fähigkeiten abnehmen, sehen vor allem, was sie nicht mehr können. Und das Gefühl des Ungenügens, des nicht Nachkommens wird dann so allgegenwärtig und erdrückend, daß sie gar nicht merken, wenn ihnen Teilschritte immer noch gelingen oder wenn sie kleine Behelfsschritte erfinden, mit denen sie Verlorengegangenes teilweise ausgleichen können. Die Bedeutung dieser kleinen Schritte, die hin und wieder gelingen, wird ihnen kaum bewußt. Dabei sind sie ganz besonders wichtig, denn jeder, auch der kleinste Schritt beweist die Fähigkeit, Schritte zu machen, und birgt das Potential zu weiteren Schritten. Deshalb muß geradezu mit der Lupe nach ihnen gesucht werden. Jeder kleine Schritt gibt Anlaß zu Hoffnung und Mut und bildet ein Gegengewicht zu Resignation und Mutlosigkeit.

Beispiel

Herr L., der seit kurzem im Altenheim lebt, ist beim Essen sehr ungeschickt. Infolge seiner Parkinson-Erkrankung zittern seine Hände, daher fällt ihm das Essen immer wieder von Löffel und Gabel, und um seinen Platz herum ist alles verkleckert. Die Betreuenden sagen nicht viel, sie wissen ja, daß das auf Herrn L.s Erkrankung zurückzuführen ist, dennoch ist ihre Ungehaltenheit deutlich spürbar. Das merkt Herr L. selbstverständlich, es verstärkt die Nervosität, die ihn ohnehin in dieser neuen Umgebung befallen hat, und er kleckert noch mehr. Nach ein paar Wochen hat er sich eingewöhnt und ist ruhiger geworden. Natürlich zittern seine Hände weiterhin, aber weil er nicht mehr so nervös ist, kleckert er um einiges weniger. Leider fällt das den Betreuenden gar nicht auf, sie sehen nur, daß sein Eßplatz immer noch verkleckert ist.

Es wäre so wichtig, Herrn L. auf den kleinen Schritt aufmerksam zu machen, ihm zu zeigen, daß das sehr wohl wahrgenommen wird. Das würde ihn ermutigen und es ihm leichter machen, mit seiner Erkrankung und den damit verbundenen Beeinträchtigungen zu leben.

Stützen für selbständiges Handeln geben

Anstatt lediglich festzustellen, daß jemand etwas Bestimmtes nicht mehr kann, und es ihm abzunehmen, ist es sinnvoller, eine Stütze zu geben, die genau diese spezifische Schwierigkeit überbrücken hilft und ein gewisses Maß an selbständigem Handeln ermöglicht.

Nicht selten wird in Altersheimen den Bewohnern das Essen hingestellt und einfach wieder abgeräumt, wenn sie es unberührt stehen lassen, womöglich noch mit dem Vorwurf: »Sie haben wieder nicht gegessen Herr X.« Dabei wird übersehen, daß alte Menschen in einem gewissen Stadium des Abbaus manchmal durchaus noch in der Lage sind, die einzelnen Schritte zu machen – den Löffel in den Mund zu nehmen, zu schlucken etc., aber daß sie diese Schritte nicht mehr miteinander verknüpfen können und dabei Unterstützung brauchen: »Jetzt müssen Sie den Löffel nehmen«, »Und jetzt den Mund aufmachen« etc. Der Einwand, das beanspruche zuviel Zeit, rechtfertigt nicht Beispiele wie die beiden folgenden.

Beispiel

Der Pfleger stellt Frau P. das Essen hin und wünscht guten Appetit. Als er abräumen will, ist das Essen unberührt. Der Pfleger: »Aber Frau P., mögen Sie denn wieder nicht essen?« Frau P.: »Mögen würde ich schon, wenn ich könnte.« Der Pfleger räumt ohne ein weiteres Wort das Essen ab.

Es wäre seine Pflicht gewesen herauszufinden, welche Stützen Frau P. braucht, um essen zu können. Diagnostische Informationen, die Hinweise geben, wo genau Frau P.s Schwierigkeit liegt, könnten dem Pfleger die Aufgabe erleichtern. Vor allem aber müßte er gemeinsam mit Frau P. herausfinden, *was genau* sie nicht kann, und *wo genau* sie eine Stütze braucht. Keinesfalls darf einfach hingenommen werden, daß sie nicht ißt, wenn sie klar zu verstehen gibt, daß sie essen möchte, aber nicht kann.

Oft fehlt es jedoch schlicht und einfach an der nötigen Aufmerksamkeit und Sorgfalt.

Beispiel

Die Pflegeperson ermahnt Frau X., die im Lehnstuhl sitzt: »Sie trinken nicht genug, Frau X. Wenn Sie nicht trinken, müssen Sie an die Infusion.« Die anwesende Tochter muß die Pflegeperson darauf aufmerksam machen, daß der Trinkbecher auf dem Nachttisch steht – unerreichbar für Frau X.

Es gibt jedoch auch Menschen, die im hohen Alter nur noch sehr wenig essen mögen, wie wir am Beispiel von Frau A. gesehen haben. Pflegepersonen müssen unterscheiden können, ob eine Bewohnerin nicht ißt, weil sie keinen Appetit hat oder weil sie den Ablauf nicht mehr bewältigt und Unterstützung braucht. Diese Aufmerksamkeit – nicht nur in bezug auf das Essen – fehlt oft im Umgang mit pflegebedürftigen Menschen.

Unkenntnis über Verlauf und mögliche Auswirkungen der Erkrankung, manchmal auch einfach Gedankenlosigkeit, Überforderung oder Zeitdruck, können die Ursache solcher demütigenden Unachtsamkeiten sein, welche die Hilflosigkeit alter Menschen unnötig verstärken, weil ihnen nicht die nötigen Stützen für selbständiges Handeln zur Verfügung gestellt werden. Hier sollte in den Institutionen dringend Abhilfe geschaffen werden. Das Personal muß entsprechend geschult werden, auf der organisatorischen Ebene müssen Prioritäten anders gesetzt und Maßnahmen ergriffen werden, um Situationen wie die beschriebenen zu verhindern. (*Eine* denkbare Möglichkeit wäre beispielsweise, freiwillige Helfer als Essensbegleiter zu mobilisieren.)

Wahlmöglichkeiten bieten

Eine Wahl haben und selber entscheiden können trägt maßgeblich zur Lebensqualität bei. Es ist ein ganz anderes Lebensgefühl für alte Menschen, ob sie einfach alles hinnehmen müssen oder ob ihnen Wahlmöglichkeiten bleiben, sie also auch noch selber einiges beeinflussen und Verantwortung für sich übernehmen können, und sei es nur in kleinen alltäglichen Belangen. Es tut gut, sich nicht einfach abgeschrieben und anderen ausgeliefert zu fühlen, sondern selber noch etwas zu sagen zu haben.

Es macht einen Unterschied für Herrn L.s Wohlbefinden, ob er am Morgen selber ein Brötchen aus dem Korb wählen kann oder ob ihm eines auf den Teller gelegt wird, ob er sich eine Konfitüre aussuchen kann, die ihm schmeckt, oder ob ihm einfach eine zugeteilt wird. Es macht einen Unterschied, ob Frau S. gefragt wird, wieviel Milch sie heute morgen in den Kaffee möchte, oder ob das ein für allemal für sie festgelegt wird. Es macht einen Unterschied für Frau V., ob sie wählen kann, wann sie die Nägel geschnitten oder die Haare gewaschen haben möchte, oder ob das allein von den Betreuenden bestimmt wird. Solche scheinbar belanglosen Details haben erheblichen Einfluß auf das Wohlbefinden von Menschen, deren Handlungsspielraum ohnehin sehr eingeschränkt ist.

Konkret bleiben

Neben dem Eingehen auf Gefühle und Stimmungen darf eine andere Ebene nicht übersehen werden: Welche konkreten Anliegen verbergen sich hinter einem bestimmten Wunsch oder hinter diffuser Unzufriedenheit? Besonders bei großen, unerfüllbaren Wünschen und allgemein gehaltenen Klagen über Dinge, die nicht zu ändern sind, lohnt es sich, genauer nachzuforschen, was konkret dahintersteckt, was genau jemanden stört oder jemandem fehlt. Oft ergeben sich Details, an denen sich durchaus etwas verändern läßt, das eine Verbesserung herbeiführt oder Erleichterung schafft, auch wenn die Umstände insgesamt nicht zu ändern sind.

Was verbindet sich für Herrn H. mit dem Wunsch »Ich will wieder nach Hause«? Sicher drücken sich darin die Gefühle aus, die der Umzug ins Altersheim und die Umstellung in seinem Leben bei ihm auslösen – Heimweh, Trauer, Wehmut oder auch Zorn –, und es ist wichtig, diese Gefühle zu verstehen und zu akzeptieren. Darüber hinaus gibt es vielleicht etwas Konkretes, das er vermißt oder das ihn belastet, etwas, das ohne großen Aufwand verändert werden könnte, um ihm das Leben im Altersheim angenehmer zu machen.

Konkret bleiben bedeutet: »unmögliche« Wünsche nicht einfach abwehren, sondern ernst nehmen und auf Teil-Lösungen hin überprüfen. Das an sich bringt den betroffenen Menschen schon eine gewisse Entlastung, und möglicherweise werden hinter diesen Wünschen konkrete Anliegen sichtbar, denen durchaus auf irgendeine Weise – vielleicht zumindest teilweise – entsprochen werden könnte. Wenn es den Betreuenden gelingt, den konkreten Kern von zunächst abwegig und unerfüllbar erscheinenden Anliegen herauszuschälen, läßt sich manche Unzufriedenheit auflösen oder wenigstens mildern.

Die »Sprache« des anderen Menschen finden

Die Sprache des anderen Menschen zu finden ist unerläßlich, um mit ihm in Kontakt zu kommen. Betreuer müssen sowohl die Sprache derjenigen, die sie betreuen, *verstehen* wie auch *sich so ausdrücken, daß sie von ihnen verstanden werden.*

Manchmal ist es Fachpersonen gar nicht bewußt, wie stark ihre Sprache von einem Berufsjargon geprägt ist, den sie sich in der Ausbildung oder unter Kolleginnen angewöhnt haben, der aber von der Ausdrucksweise der Menschen, mit denen sie es in ihrer Arbeit zu tun haben, weit entfernt ist. Doch es geht nicht nur um das Vermeiden von Berufsjargon, sondern vor allem darum, eine Sprache zu finden, die der andere Mensch verstehen kann und die seinem Erleben nahe ist.

Die Sprache des anderen Menschen finden – und mit »Sprache« ist hier nicht nur die verbale, sondern seine gesamte Ausdrucksweise gemeint – heißt: anschaulich machen, sichtbar machen, Dinge so darstellen, daß sie für andere begreiflich und nachvollziehbar werden. Im einen Fall mag es angebracht sein, Bilder zu gebrauchen, im anderen Fall sind logische Erklärungen am Platz. Nicht immer geht es um die »richtigen Worte«, sondern oft um die »richtigen Gesten«. Das ist besonders wichtig bei Menschen, die an Demenz leiden und sich nicht mehr in der uns gewohnten Weise ausdrücken können. Prä-therapeutische Kontaktreflexionen (vgl. S. 36–37) können dabei eine große Hilfe sein.

Beispiel

Frau L., Alzheimerpatientin, lebt seit kurzem im Pflegeheim. Sie ist für die Pflegenden nicht ansprechbar. Entweder liegt sie apathisch im Bett, oder sie rennt laut schreiend durch die Abteilung, was sowohl die Mitarbeitenden wie die anderen Bewohnerinnen als sehr störend empfinden. Alle Versuche, sie zu beruhigen, sich mit ihr irgendwo ruhig hinzusetzen, scheitern. Schließlich kommt eine Pflegeperson, die gerade eine entsprechende Fortbildung besucht hat, auf die Idee, es mit Körperreflexionen zu versuchen. Sie läuft neben Frau L. her und schreit ebenfalls, das geht eine ganze Weile so (die Pflegeperson ist schon völlig erschöpft), bis Frau L. plötzlich innehält, sich an die Pflegeperson schmiegt und heftig zu weinen beginnt.

So erfuhr die Pflegeperson, daß Frau L. traurig war und konnte darauf eingehen. Langsam entstand Kontakt zwischen ihr und Frau L., die daraufhin sehr viel ruhiger wurde, weniger herumrannte und weniger schrie.

Es ist ein großer Irrtum zu glauben, alle Menschen, die nicht sprechen, seien für Sprache nicht zugänglich. Sehr häufig geht die *Aufnahmefähigkeit* für Sprache sehr viel weiter als die sprachliche Ausdrucksfähigkeit.

Beispiel

Von Frau Y., die nicht mehr spricht und immer völlig abwesend zu sein scheint, wird im Pflegeheim allgemein angenommen, sie könne Sprache überhaupt nicht aufnehmen. Doch die Physiotherapeutin hat beobachtet, daß Frau Y. das Gesicht verzieht, wenn sie zu ihr sagt: »Ich muß jetzt gehen«, und daß sie lächelt, wenn sie ihr verspricht: »Übermorgen komme ich wieder.« Sie weiß nicht genau, was die Frau aufnehmen kann, den Tonfall, die Gefühlsqualität des Gesagten, oder ob sie teilweise sogar den Wortsinn versteht? Sie reagiert nicht immer auf das, was die Physiotherapeutin sagt. Doch offensichtlich nimmt sie manchmal etwas davon auf.

Das Beispiel zeigt, wie notwendig es ist, auch mit Menschen zu sprechen, die das selber nicht tun. Die Chance, daß *etwas* sie *manchmal* erreichen könnte, darf nicht versäumt werden.

Selbst wenn Menschen noch so sehr abgebaut haben, sich nicht mehr ausdrücken und scheinbar nichts verstehen können, muß mit ihnen so gesprochen werden, daß die Achtung vor ihrer Menschenwürde gewahrt bleibt, Wie schmerzlich und demütigend es sein kann, wenn mit alten oder kranken Menschen wie mit kleinen Kindern geredet wird, zeigt das Beispiel von Frau G., die seit vielen Jahren an multipler Sklerose leidet und im Pflegeheim lebt.

Beispiel

Frau G.s Krankheit ist so weit fortgeschritten, daß sie sich nicht nur nicht mehr bewegen, sondern auch nicht mehr sprechen kann. Es bleibt ihr praktisch keine Ausdrucksmöglichkeit. Die Pflegenden, von denen die meisten relativ neu sind und Frau G. nicht anders kennen, reden in einer verkürzten, einfältigen Babysprache mit ihr, als könne sie nichts anderes verstehen. Doch die Besucherin sieht an ihren Augen, daß sie sehr wohl differenziert aufnimmt, was sie ihr erzählt, und sich freut, wenn ein Thema berührt wird, für das sie sich schon immer interessiert hat. Sie ist eine hochgebildete Frau, die früher als Kunstkritikerin tätig war. Es tut weh, mit anzuhören, wie die Pflegeperson mit ihr spricht, denn Frau G.s Augen ist anzusehen, daß sie das Demütigende der Situation durchaus empfindet.

In solchen Fällen könnten Kenntnisse der Lebensgeschichte dazu beitragen, auch für den Umgang mit Menschen, die sich nicht mehr ausdrücken können, den richtigen Ton zu finden. Doch viel entscheidender als solches Wissen ist das zu Anfang dieses Kapitels beschriebene *Zuhören mit allen Sinnen.* Es ist und bleibt der wichtigste Zugang zur inneren Welt und zur »Sprache« eines anderen Menschen. Wissen allein kann auch voreingenommen machen.

Sich nicht von Vorwissen bestimmen lassen

Wenn die Pflegeperson schon weiß, daß Herr F. aggressiv wird, wenn man ihn waschen will, und daß Frau M. den Tee, den sie trinken soll, regelmäßig wieder ausspuckt – wenn sie mit dieser Erwartung das Zimmer betritt, dann ist die Wahrscheinlichkeit groß, daß es tatsächlich so ablaufen wird. Mit unseren Erwartungen beeinflussen wir das Verhalten anderer Menschen mehr, als wir glauben. Das bekannte Phänomen der sich selbst erfüllenden Prophezeiung spielt auch in der Betreuung eine unheilvolle Rolle. Menschen, deren intellektuelle Fähigkeiten eingeschränkt sind, entwickeln feine Antennen für Unausgesprochenes und reagieren intuitiv auf die Vorstellungen in den Köpfen derjenigen, mit denen sie es zu tun haben.

Betreuende dürfen niemals glauben sicher zu wissen, wie jemand reagieren wird, selbst dann nicht, wenn sie es hundertmal so erlebt haben. Es ist jederzeit möglich, daß ein Mensch sich auf einmal ganz anders verhält als bisher. Deshalb sind auch Rapporte eine zweischneidige Sache. Einerseits ist es nützlich, wenn die Betreuerin bei Arbeitsbeginn erfährt, daß Frau R. heute den ganzen Vormittag sehr gereizt war, so daß sie sich darauf einstellen kann. Auf der anderen Seite besteht die Chance, daß Frau R. sich ganz anders verhält gegenüber jemandem, der nicht weiß, was sich zuvor abgespielt hat. Deshalb tut die Betreuerin gut daran, die Vorinformation zwar zur Kenntnis zu nehmen, aber dann gleich wieder beiseite zu legen, um Frau R. möglichst unvoreingenommen begegnen zu können.

Ähnlich ist es mit Vorinformationen über Lebensgeschichten und Lebensgewohnheiten. Sie können für Betreuende aufschlußreich sein, aber nur wenn sie sich – und damit die Menschen, die sie betreuen – nicht auf das festlegen, was sie wissen, sondern offen bleiben für neue unbekannte Seiten der Persönlichkeit.

Wichtiger als die Kenntnis biographischer Daten und Ereignisse ist wache Aufmerksamkeit für das, was bei einem Menschen in irgendeiner Weise – verbal oder nicht verbal – zum Ausdruck kommt. Auch die beliebte und zunehmend Verbreitung findende Biographiearbeit ist nur dann hilfreich und sinnvoll, wenn die Betreuenden von dem ausgehen, was alte Menschen selber ins Spiel bringen, nicht von biographischen Daten, die *sie* für wichtig halten. Sicher kann auch einmal mit einer Frage oder einem Hinweis auf ein Ereignis eine Anregung gegeben werden, aber sie muß sofort wieder fallengelassen werden, wenn das Gegenüber sie nicht aufgreift. Auf keinen Fall dürfen Menschen dazu gedrängt werden, sich mit bestimmten Ereignissen ihres Lebens zu beschäftigen. Noch schlimmer ist, wenn Betreuende aufgrund irgendwelcher Theorien, die sie gelernt oder sich angelesen haben, an Biographien herumdeuten. Nur die betroffenen Menschen selber können wissen, was ihnen bestimmte Ereignisse ihres Lebens bedeuten.

Es kann sehr nützlich sein, etwas über frühere Gewohnheiten, Vorlieben und Abneigungen zu wissen, aber Betreuende dürfen einen Menschen nicht darauf festlegen. Sie können es ausprobieren, aber ob es für ihn immer noch so ist, sehen sie erst an seiner Reaktion. Es geht also keineswegs darum, Vorwissen grundsätzlich abzulehnen; es läßt sich durchaus als Einstiegsmöglichkeit nutzen, aber man darf sich davon *nicht bestimmen* lassen.

Dasselbe gilt für Fachwissen. So wichtig grundlegende Kenntnisse über Demenz und andere altersbedingte Erkrankungen und Veränderungen sind, man muß sich stets im Klaren sein: Theorien und diagnostische Kategorien sind *Ordnungsraster für die Betrachter*, die es ermöglichen sollen, andere Menschen und schwierige Verhaltensweisen besser zu *verstehen*. Doch sie sagen niemals aus: so ist dieser Mensch. Entscheidend ist, was über das Raster hinausgeht: die ganz persönliche Eigenart dieses Menschen. In gewissem Sinne ist jeder Mensch eine Ausnahme, weil sich die gleiche Krankheit niemals gleich auswirkt oder gleich erlebt wird. Wer vorwiegend Ordnungskategorien im Auge hat, trübt seinen Blick für das, was darüber hinaus vorhanden ist: die persönlichen Eigenheiten und Ressourcen eines Menschen. Der englische Sozialpsychologe Kitwood hat festgestellt, daß Menschen sich zeitweise ganz anders und viel gesünder verhalten, als es dem Stadium der Demenz, in dem sie sich befinden, eigentlich entsprechen würde. Die Betreuungsansätze, die er entwickelt hat, tragen dem Rechnung (Kitwood 1997a, 2000). Solche »Inseln« nicht zu beachten und nicht zu verstärken, beschleunigt den Abbau – bewirkt also genau das Gegenteil dessen, was Betreuung eigentlich leisten sollte.

Unser Vorwissen beeinflußt unser Verhalten, und dieses hat Auswirkungen auf das Verhalten der Menschen, die wir betreuen. Deshalb ist die nächste und letzte Richtlinie wahrscheinlich die allerwichtigste. Sie bietet die meisten Möglichkeiten, etwas zu verändern und eine Situation zu entschärfen oder zu verbessern.

Den eigenen Anteil erkennen

Das ist in zweierlei Hinsicht notwendig: zum einen auf der persönlichen Ebene (davon wird im nächsten Kapitel die Rede sein), zum andern ganz pragmatisch im Alltag. Im Rahmen dieser Richtlinien für den Alltag geht es um die Handlungsebene und um die einfache Tatsache, daß stets alle beteiligten Personen ihren Anteil zum Ablauf einer Situation beitragen. Und am eigenen Verhalten läßt sich sehr viel leichter etwas ändern als am Verhalten anderer. Deshalb ist es so wichtig, den eigenen Anteil klar zu erkennen, nicht um sich vorzuwerfen »ich habe alles falsch gemacht« oder »ich bin schuld«, sondern um andere Handlungsmöglichkeiten zu erproben. Der eigene Anteil ist meist der einzige Punkt, an dem man ansetzen kann, wenn man an einer verfahrenen Situation etwas ändern will. Das gilt besonders für Situationen, die eskalieren, sich im Kreise drehen oder immer wieder in ähnlicher Weise wiederholen.

Die Frage: »Was kann *ich* an dieser Situation ändern?« ist der erste Schritt auf dem Weg, Hilflosigkeit und Ohnmacht zu überwinden und wieder handeln zu können. *Irgend etwas* läßt sich am eigenen Verhalten *immer* ändern. Auch hier ist es nützlich, nach konkreten Ansatzpunkten zu suchen, um die Situation zu entspannen oder eine Eskalation zu verhindern: Wie hat der Streit angefangen? Was habe ich genau gesagt? Worauf reagierte die andere Person so gereizt? Was habe ich gemacht, als sie plötzlich anfing zu schreien? usw. Zudem haben oft äußere Bedingungen einen Einfluß: Waren wir allein, oder war noch jemand anderer anwesend. War die Tür offen oder zu? War es laut rundherum? usw. Ganz banale Details können Hinweise geben, wie Betreuende eine Situation *ein wenig* verändern und dadurch dem Gegenüber eine Chance geben können, sich seinerseits (vielleicht auch nur ein wenig) anders zu verhalten.

Es wirkt sich sehr unterschiedlich aus, ob eine Bezugsperson einem gelähmten, sprachlosen Mann, der gefüttert werden muß und sich dagegen wehrt, den gefüllten Löffel zwischen die verschlossenen Lippen zu stopfen versucht, oder ob sie ihm zuerst eine Chance gibt, den Mund selber zu öffnen. Das ist nur ein Beispiel – es gibt unzählige Situationen im Alltag, in denen Betreuende dem anderen Menschen eine Chance zur Veränderung geben können, indem sie sich selber anders verhalten. Bei den einen mag dieses, bei anderen etwas anderes angemessen sein, es lohnt sich, verschiedene Varianten auszuprobieren. Selbst wenn die betroffenen Menschen nicht immer in der Lage sind, solche Chancen zu ergreifen, so ist doch schon viel gewonnen, wenn *für die Betreuenden selber* durch ihr verändertes Verhalten die Situation erträglicher wird. Schon das bewirkt eine Entspannung und kann den Weg bereiten für weitere Verbesserungen, die allen Beteiligten zugute kommen.

Doch das Erkennen des eigenen Anteils ist noch in einem viel umfassenderen Sinn eine Grundvoraussetzung für den angemessenen Umgang mit Menschen, die in irgendeiner Weise Betreuung brauchen. Wir beeinflussen – mehr als wir ahnen und uns lieb ist – mit dem Vorwissen und den Vorstellungen, die wir im Kopf haben, nicht nur das Verhalten, sondern auch die psychische und physische Verfassung des Gegenübers. Deshalb müssen sich Betreuende der Bilder und Vorstellungen in ihren Köpfen sehr klar bewußt werden, damit sie sich nicht nachteilig auswirken auf andere – und rückwirkend wieder auf sie selbst. Professionalität beinhaltet in allen Berufen, in denen es um Pflege, Betreuung, Begleitung, Förderung oder Ausbildung von Menschen geht, nicht nur fachliche, sondern auch persönliche Kompetenz.

WORAUF ES IM ALLTAG ANKOMMT:

- Ernstnehmen,
- Zuhören mit allen Sinnen,
- auf das Erleben eingehen,
- »Anklopfen«,
- Eigenständigkeit unterstützen,
- kleine Schritte beachten und ermutigen,
- Stützen für selbständiges Handeln geben,
- Wahlmöglichkeiten bieten,
- konkret bleiben,
- die »Sprache« des anderen Menschen finden,
- sich nicht von Vorwissen bestimmen lassen,
- den eigenen Anteil erkennen.

5 Fachliche und persönliche Kompetenz

Obschon das eine manchmal gegen das andere ausgespielt wird, erfordert die Betreuung von alten Menschen zweifellos beides: fachliche *und* persönliche Qualitäten. Betreuende sind in vielfacher Hinsicht gefordert. Die Menschen, die sie begleiten, verkörpern ein breites Spektrum an individuellen Bedürfnissen, weisen große Unterschiede in der psychischen, geistigen und physischen Verfassung auf. Daraus ergibt sich ein ebenso breites Spektrum an fachlichen und persönlichen Anforderungen, die sich den Betreuenden stellen und nach Professionalität verlangen.

Professionalität

Worin besteht Professionalität auf diesem Arbeitsgebiet? In der Regel verfügen Betreuende über eine pflegerische, gelegentlich über eine sozialpädagogische Grundausbildung und zusätzlich erworbene gerontologische Fachkenntnisse. Darüber hinaus gibt es viele Quereinsteiger, die von unterschiedlichen Tätigkeiten herkommen und sich parallel zur praktischen Arbeit in Fortbildungskursen die nötige Fachkompetenz aneignen – oder aneignen sollten. Das wird leider nicht immer in ausreichendem Maß für notwendig erachtet. Manchmal wird die Meinung vertreten, für die Betreuung von alten Menschen seien keine besonderen Fachkenntnisse erforderlich, »gesunder Menschenverstand« und »Mitmenschlichkeit« genügten vollauf – zumindest bei denen, die keiner speziellen medizinischen Pflege bedürfen. Nicht immer stehen bei solchen Überlegungen die Menschen und das, was sie wirklich brauchen, im Vordergrund. Häufig spielen finanzielle oder weltanschauliche Gesichtspunkte, oder auch persönliche Interessen, eine viel größere Rolle. Oft dienen solche Überlegungen auch ganz einfach zur Rechtfertigung von mangelnder Ausbildung oder von Sparmaßnahmen.

Auf der anderen Seite besteht eine Tendenz zur Überprofessionalisierung, die genauso fragwürdig ist. Wenn jeder Kleiderkauf mit einer Altersheimbewohnerin und jeder Spaziergang mit einem Bewohner zum »Projekt« hochstilisiert, wenn jegliche Beschäftigung, die einem Menschen guttut oder Freude machen könnte – sei das Gymnastik, Stricken, Malen, Singen oder alte Photoalben betrachten –, zur Therapie erklärt wird, wenn menschliches Erleben auf abstrakte – je nach Umfeld medizinische, sozialpädagogische oder psychologische – Fachausdrücke reduziert wird, dann darf man sich nicht wundern, wenn viele Menschen der »Professionalität« mißtrauisch und ablehnend gegenüberstehen. Ebenso bedenklich ist es, wenn »Professionalität leider immer wieder mit Rechthaberei und Bedenkenlosigkeit verwechselt [wird]«, wie Dieter Irblich (1999) bedauernd feststellt. Zwar bezieht sich seine Aussage auf die Betreuung von Menschen mit geistiger Behinderung, doch sie trifft für den Umgang mit alten und pflegebedürftigen Menschen genauso zu. Andererseits werden an Professionalität manchmal völlig unrealistische Allmachtserwartungen gestellt, sei es von den betroffenen Menschen selber oder von ihren Angehörigen: Beeinträchtigungen sollen wegtherapiert, Altersbeschwerden und Abbauerscheinungen verhindert oder »repariert« werden. Das ist vielleicht etwas überspitzt ausgedrückt, aber nicht weit von der Realität entfernt. All das ist nicht gemeint, wenn hier von notwendiger Professionalität die Rede ist.

Was heißt überhaupt Professionalität? Sind Mitmenschlichkeit, Natürlichkeit, gesunder Menschenverstand und Fachkompetenz unvereinbare Gegensätze? Ich meine, im Gegenteil: *Mitmensch-*

lichkeit ist ein unverzichtbarer Bestandteil von Professionalität, und Professionalität Voraussetzung, damit Mitmenschlichkeit zum Tragen kommt, wenn es um Pflege, Betreuung und Begleitung von Menschen geht. In allen damit verbundenen Berufen bilden persönliche und fachliche Kompetenz ein unteilbares Ganzes.

Bei der Begleitung von alten Menschen besteht Professionalität nicht nur in theoretischem Wissen, methodischen Kenntnissen und im Beherrschen berufsspezifischer Fertigkeiten, sondern stellt darüber hinaus ganz bestimmte Anforderungen an die Persönlichkeit der Betreuenden. Fachkenntnisse auf verschiedenen Gebieten sind eine notwendige Grundlage für die Erfüllung der vielfältigen Aufgaben, welche die Betreuung von alten Menschen beinhaltet. Aber es braucht mehr.

Persönliche Aspekte der Fachkompetenz

Kongruent sein

Kongruenz ist, wie wir gesehen haben (vgl. S. 32), eine der Grundbedingungen der personzentrierten Haltung. Sie verlangt von den Betreuenden die Auseinandersetzung mit sich selbst und das Erkennen des eigenen Anteils an Schwierigkeiten und Konflikten – nicht nur auf der Handlungsebene im Alltag, sondern auch auf der persönlichen Ebene.

Kongruenz ist nicht etwas, das jemand sich ein für allemal aneignen kann und dann hat. Um Kongruenz muß immer wieder neu gerungen werden. Andere Menschen – besonders wenn ihr Verhalten schwierig oder unverständlich ist – konfrontieren uns immer auch mit uns selbst. Deshalb lauten die wichtigsten Forderungen in dieser Arbeit:

Das eigene Verhalten reflektieren

Um unvoreingenommen auf andere Menschen eingehen zu können, müssen Betreuende

- sich der eigenen Gefühle, Reaktionen, Vorlieben und Abneigungen bewußt werden und sie auf die Seite stellen können, damit sie den Umgang mit anderen Menschen nicht behindern,
- blinden Flecken auf die Spur kommen, um nicht von ihnen bestimmt zu werden, sondern offen zu sein für ihr Gegenüber.

Offen sein für das »andere« im anderen Menschen

Offenheit, Interesse und Toleranz für das »andere« im anderen Menschen (das vielleicht manchmal befremdlich und schwer verständlich ist) – andere Werte, anderer Erfahrungshintergrund, andere existentielle Bedingungen – sind eine unabdingbare Voraussetzung für diese Tätigkeit. Wenn sie fehlt, werden Betreuende wenig Freude an ihrer Arbeit haben und sehr schnell ausgebrannt sein.

Es geht nicht an, daß Betreuende ihre eigenen Werte und Vorstellungen auf die ihnen anvertrauten Menschen übertragen. Sie müssen im Gegenteil aufgeschlossen sein für deren Sichtweisen und Werthaltungen, sie respektieren und soweit wie möglich berücksichtigen. Menschen in ihrer individuellen Eigenart verstehen und ernst nehmen ist ein wichtiger Teil der Fachkompetenz und erfordert,

- Kenntnisse und Ressourcen so einsetzen zu können, daß sie nicht den eigenen Ambitionen oder Vorlieben, sondern dem seelischen Wohlbefinden der betreuten Menschen dienen,
- die Möglichkeiten und Einschränkungen anderer Menschen differenziert wahrnehmen und ihnen genau die individuelle Unterstützung geben zu können, die sie brauchen.

Diese persönlichen Aspekte der Fachkompetenz sind genauso wichtig wie pflegerische, therapeutische oder agogische Kenntnisse, und sie sind bis zu einem gewissen Grade erlernbar. Es ist zu wünschen, daß sie in allen Aus- und Fortbildungen, die mit Betreuung, Pflege und Begleitung von Menschen zu tun haben, in Zukunft stärker gewichtet und gefördert werden als bisher. Alle, die auf diesem Gebiet tätig sind, sollten die Möglichkeit erhalten – und verpflichtet werden –, sich diese wichtigen Elemente der Fachkompetenz in internen oder externen Fortbildungsangeboten anzueignen.

Für sich selbst Sorge tragen

ist unverzichtbar, um den Anforderungen dieses Berufes gewachsen zu sein, mit anderen Worten, um professionell arbeiten zu können. Betreuende haben nicht wie Musiker ein Instrument zur Verfügung, auf dem sie spielen und das sie anschließend beiseite legen können. Sie selber sind das Instrument. Und wie ein Geiger für seine Geige, müssen sie für ihr Instrument – sich selbst – Sorge tragen, es in Ordnung halten, es pflegen und stimmen. Was heißt das?

Eine wichtige Rolle spielt der private Bereich. Da sollen die eigenen Bedürfnisse zum Zuge kommen, muß Auftanken und Ausgleich möglich sein – körperlich und seelisch. Die Voraussetzungen dafür sind individuell sehr unterschiedlich. Und es liegt in der Verantwortung jedes einzelnen, diesen Bereich zu gestalten. Selbstverständlich steht es nicht immer in unserer Macht, das Privatleben so einzurichten, wie wir es gerne hätten. In jedem Leben gibt es Schwankungen, Probleme, Krisen und Zeiten, in denen eigene Bedürfnisse und Wünsche zu kurz kommen. Doch ein Beruf, in dem es primär um Menschen geht, erfordert zwingender als andere, daß private Probleme und Frustrationen sich nicht auf die Arbeit auswirken, denn es sind Menschen, nicht Produkte, die darunter leiden. Das heißt durchaus nicht, daß Betreuende immer fröhlich und »aufgestellt« sein, oder so tun sollten, als ob – das wäre nicht kongruent. Betreuende müssen sich nicht verstellen und ihre Befindlichkeit verleugnen – das wäre das Gegenteil von Kongruenz –, aber sie sind verpflichtet, so damit umzugehen, daß sie für andere Menschen offen bleiben und ihre Aufgabe ihnen gegenüber erfüllen können. Das läßt sich bis zu einem gewissen Grad lernen.

Wie die Arbeit getan wird, ist ebenfalls ein entscheidender Faktor des sorgsamen Umgangs mit sich selbst. Die Wertschätzung, die Betreuende alten Menschen entgegenbringen, fällt auf sie zurück. Wenn sie es an Achtung vor der Menschenwürde anderer fehlen lassen, verletzen sie auch ihre eigene Menschenwürde. Wenn nicht das Wohlergehen und die Zufriedenheit der alten Menschen für sie im Vordergrund steht, sondern eigene Vorstellungen und Ambitionen, werden sie kaum Freude an dieser Arbeit finden. Interesse und Wohlwollen für das andere im anderen Menschen sind nicht nur eine unverzichtbare Voraussetzung, um ihm angemessen begegnen zu können, sie erweitern und bereichern auch das eigene Welt- und Menschenbild. Nicht nur auf die Defizite zu starren, sondern aufmerksam auf das zu achten, was da ist, es zu unterstützen und zu ermutigen, ist nicht nur für die betroffenen Menschen förderlich, sondern auch für die Betreuenden selbst. Es bewahrt vor eintöniger Routine und führt immer wieder zu überraschenden Einsichten. Die Eigenständigkeit anderer Menschen zu respektieren und ihnen, wo immer es geht, Selbstverantwortung zuzugestehen, bringt nicht nur diesen mehr Lebensqualität, sondern auch den Betreuenden, weil die Arbeit auf diese Weise mehr Freude macht und weniger auslaugt.

Beispiel

Frau L. ist neu in einem Pflegeheim angestellt. Um den Betrieb kennenzulernen, arbeitet sie abwechslungsweise in zwei verschiedenen Gruppen. Sie erzählt: Bei Gruppe A mache ich ständig etwas falsch und werde vom Stationspfleger gerügt: »Herr X.

bekommt den Kaffee mit ganz wenig Milch, Frau S. bekommt nur eine halbe Tasse« und so weiter – jedes Detail im Tagesablauf ist ein für allemal genau geregelt. Nach einem Arbeitstag in dieser Gruppe ist Frau L. jeweils völlig erschöpft und nervös, das ganze Team ist gestreßt und ausgelaugt. Ganz anders in Gruppe B. Dort geht es viel lockerer zu, die Bewohner werden stets gefragt, wie sie es gerne hätten – und das ist durchaus nicht jeden Tag gleich. »Wenn ich dort gearbeitet habe, bin ich am Abend entspannt und zufrieden und habe das Gefühl, es sei ein guter Tag gewesen«, erzählt Frau L. Und das merkwürdige: Gruppe B hat mehr Pflegepunkte als Gruppe A, müßte also eigentlich arbeitsintensiver sein.

Das ist ein beeindruckendes Beispiel dafür, daß Wahlmöglichkeiten und Selbstverantwortung auch für pflegebedürftige Menschen wichtig sind und nicht nur ihnen, sondern auch den betreuenden Personen das Leben angenehmer machen

Grenzen erkennen

ist nicht nur notwendig, um für sich selbst Sorge zu tragen, sondern auch um seine Aufgabe gut zu erfüllen. Niemand kann immer alles richtig machen und alle Probleme lösen. Es gibt immer wieder Situationen, in denen Bezugspersonen an Grenzen stoßen: die eigenen, die des Gegenübers, die der vorgegebenen Strukturen. Und es gibt Situationen, in denen es notwendig und legitim ist, sich zu fragen: Was kann ich tun, um es für mich erträglicher zu machen? Entscheidend ist dabei, ehrlich zu seinen Grenzen zu stehen und sich nicht vorzumachen, es sei zum Besten des anderen. Dennoch wird es sich unweigerlich auch für das Gegenüber positiv auswirken, wenn es der betreuenden Person besser geht. Allerdings dürfen persönliche Grenzen nicht so eng sein, daß sie das Erfüllen der Aufgabe generell behindern. Betreuende müssen sich immer wieder mit ihren Grenzen auseinandersetzen und überprüfen, ob sie sich nicht noch etwas erweitern ließen. Dabei kann es notwendig und hilfreich sein, Unterstützung in Form von Beratung oder Supervision in Anspruch zu nehmen.

Auf der persönlichen Ebene so stark gefordert zu sein, kann manchmal zur Bürde werden. Vielleicht fühlt sich der Betreuende gerade jetzt einigermaßen ausgeglichen und mag sich nicht schon wieder mit sich auseinandersetzen, sondern möchte lieber alles ruhen lassen, so wie es ist. Es ist nicht immer angenehm, vielleicht auf etwas zu stoßen, das man an sich selbst nicht besonders mag. Doch ist es nicht auf der anderen Seite auch eine große Chance, immer wieder neue Seiten an sich zu entdecken, sich weiter zu entwickeln und Ressourcen in sich aufzuspüren, von denen man vielleicht bisher keine Ahnung hatte? Nicht viele Berufe bieten diese Chance.

Doch auch die Grenzen der Menschen, die betreut werden, müssen akzeptiert werden. Selbst wenn alle Voraussetzungen und Anforderungen erfüllt sind, gibt es keine Garantie, daß sie sich wirklich wohlfühlen und zufrieden sind, denn dabei spielt auch ihr eigener Anteil eine wesentliche Rolle. Und den können Betreuende nicht verändern. Sie können nur für bestmögliche Bedingungen sorgen, aber wie diese genutzt werden, liegt bei den alten Menschen selber. Es ist wichtig, daß Betreuende sich darüber im Klaren sind und sich nicht überfordern, indem sie sich einreden: »Wenn ich es richtig mache, *müssen* sie sich wohlfühlen.« Man kann andere Menschen nicht verändern, aber man kann ihnen Bedingungen bieten, die Veränderung ermöglichen, und das ist die Aufgabe der Betreuung. Ob, wie und wann diese Möglichkeit genutzt wird, liegt nicht in der Macht der betreuenden Personen. Doch die Konstanz dieser fördernden Bedingungen ist wichtig, denn man weiß nie, ob und wann jemand sie auf einmal doch nutzen kann. So oder so: Betreuende müssen die Menschen, die sie betreuen, so nehmen, wie sie sind, und sie von ihrem persönlichen Erleben her zu verstehen versuchen. Deshalb halte ich *psychische Begleitung* (Pörtner [2003] 2007, S. 107/108, 206) für einen zentralen Aspekt der Betreuung, der leider bisher in den Curricula der einschlägigen Aus- und Fortbildungen ebenso fehlt wie in den Betreuungskonzepten der Einrichtungen. Was verstehe ich unter psychischer Begleitung?

Psychische Begleitung

Vom individuellen Erleben auszugehen ist, wie wir gesehen haben, eine der Grundlagen der personzentrierten Arbeitsweise. Erleben umfaßt ein breites Spektrum an Gefühlen, Empfindungen und Reaktionen unterschiedlichster Art und Intensität. Erleben ist nicht immer klar und eindeutig faßbar, sondern oft kompliziert, schwer nachvollziehbar und widersprüchlich. Psychische Begleitung bedeutet, dieses komplexe psychische Geschehen zu erfassen und aufzugreifen. Das ist manchmal schwierig, zumal wir im allgemeinen eher gewohnt sind, auf der sachlichen Ebene zu argumentieren als auf der des Erlebens zu kommunizieren. Deshalb brauchen Betreuende unterstützende Anleitung, um die Achtsamkeit für die Erlebensweisen anderer Menschen zu sensibilisieren und sinnvoll darauf eingehen zu lernen. Aus diesen Überlegungen heraus ist die Idee der psychischen Begleitung entstanden.

Inwiefern kann psychische Begleitung für alte Menschen eine Hilfe sein? Die vielen Veränderungen, mit denen dieser Lebensabschnitt verbunden ist: Verlust nahestehender Menschen, körperliche und geistige Veränderungen, neue, unvertraute Lebensumstände – beispielsweise durch die Übersiedlung in ein Heim oder eine Alterswohnung – sind nicht immer leicht zu verkraften und rufen ganz verschiedene Reaktionen hervor: Trauer, Angst, Verwirrung, Zorn, Ärger, Verbitterung, Rückzug. Wenn das Umfeld für solche Gefühle Verständnis und Anteilnahme zeigt, hilft das den betroffenen Menschen, sich nach und nach mit den Veränderungen zurechtzufinden. Deshalb ist psychische Begleitung besonders wichtig, wenn eine Umstellung zu bewältigen ist.

Psychische Begleitung ist keine Psychotherapie. Es geht nicht um das Aufarbeiten von ungelösten Konflikten, Problemen oder unbewältigten biographischen Ereignissen, obwohl auch das sehr hilfreich sein kann. Doch das ist nicht die Aufgabe der psychischen Begleitung und nicht Sache der Betreuenden. Dafür bedarf es einer Psychotherapie durch entsprechend geschulte und erfahrene Psychotherapeutinnen und Psychotherapeuten. Auch diese Möglichkeit sollte alten Menschen offen stehen, wenn sie es möchten. Für manche ist es wichtig, sich mit gewissen Aspekten ihres Lebens noch einmal auseinanderzusetzen, damit sie sich mit der Vergangenheit aussöhnen und die letzte Wegstrecke in innerem Frieden und Gelassenheit zurücklegen können. Diesen Prozeß kann eine Psychotherapie hilfreich unterstützen.

Bei der psychischen Begleitung geht es um etwas anderes. Es geht darum, die momentane Befindlichkeit eines Menschen differenziert zu erfassen und sich in dessen Erleben so einzufühlen, daß sie oder er sich damit nicht alleingelassen, sondern verstanden und angenommen fühlt. Hierfür bedarf es keiner speziellen »Sitzungen«, die psychische Begleitung sollte im Gegenteil in der alltäglichen Betreuungsarbeit integriert sein und so den Kontakt der alten Menschen mit ihrem Erleben, Fühlen und Empfinden anregen und wachhalten. Das ist besonders wichtig bei verwirrten oder an psychischen Störungen leidenden Menschen. Psychische Begleitung hilft den Betroffenen, sich in ihrer inneren wie in der äußeren Realität besser zurechtzufinden, und trägt wesentlich dazu bei, daß sie sich besser fühlen, Spannungen nachlassen und Konflikte nicht eskalieren. Betreuende, die in der Lage sind, jemanden sorgfältig psychisch zu begleiten, laufen zudem weniger Gefahr, durch ungeschickte Reaktionen Verwirrtheit und psychische Störungen unabsichtlich noch zu verstärken.

Psychische Begleitung ist eine schöne, interessante, aber auch sehr anspruchsvolle Aufgabe, von der man nicht erwarten kann, daß sie stets »natürlich« und spontan gelingt. Deshalb sollte allen, die in diesem Bereich arbeiten – unabhängig von ihrem beruflichen Hindergrund – die Möglichkeit geboten werden, sich für das Erleben und die Befindlichkeit anderer Mensche zu sensibilisieren und sich in psychischer Begleitung zu üben. Hier klafft in den bestehenden Aus- und Fortbildungen eine Lücke, die möglichst bald geschlossen werden sollte.

Die geschilderten sehr komplexen persönlichen und fachlichen Anforderungen machen deutlich, welch anspruchsvolle Aufgabe die Betreuung von alten Menschen ist – auch und gerade, wenn sie geistig nicht mehr ganz auf der Höhe sind. Sie erfordert Fingerspitzengefühl und Differenzierungsvermögen, denn es kommt oft auf feine Nuancen an, die im Ermessenspielraum der Betreuenden liegen. Da stellt sich die Frage:

Wie läßt sich die Qualität der personzentrierten Arbeitsweise überprüfen?

Das ist heute, da Qualitätssicherung einen so hohen Stellenwert hat und überall verlangt wird, von entscheidender Bedeutung. Lassen sich persönliche Eigenschaften wie Sensibilität, Interesse für andere Menschen und Bereitschaft, sich mit sich selber auseinanderzusetzen, überhaupt irgendwie festmachen und beurteilen? Manchmal ist denn auch der Einwand zu hören, personzentriert arbeiten sei heute kaum mehr möglich, weil Qualitätssicherung im Vordergrund stehe. Das ist ein Trugschluß. Personzentrierte Grundsätze sind sehr wohl vereinbar mit Qualitätssicherung und stellen darüber hinaus dafür sehr brauchbare Kriterien zur Verfügung. Die Kriterien sind der springende Punkt. Rein quantitative Aspekte (nach dem Muster: wieviel Zeit für welchen Handgriff) sind für die Qualität der Betreuung nicht ausschlaggebend. Es braucht Instrumente, welche die geforderte Qualität in ihren Kernpunkten erfassen. Und – das ist wichtig für die Motivation der Mitarbeitenden, die sich oft gegen Qualitätssicherung sperren – der administrative Aufwand darf nicht so groß sein, daß die praktische Arbeit (um *deren* Qualität es ja geht) in den Hintergrund gedrängt wird.

Eines der wichtigsten Kriterien ist das Wohlbefinden der Menschen, die betreut werden. *Ihre* Perspektive ist entscheidend für die Beurteilung der Arbeit, die in einer Institution geleistet wird, und muß bei der Qualitätssicherung in erster Linie berücksichtigt werden. Das geschieht bislang nur vereinzelt. Zum Beispiel hat die Stiftung für Schwerbehinderte Luzern (SSBL) ein Vorgehen entwickelt, das es ermöglicht, auch Menschen mit schwerer geistiger Behinderung, die sich kaum sprachlich ausdrücken können, in die periodisch durchgeführten Befragungen zur Zufriedenheit der Bewohnerinnen und Bewohner einzubeziehen (Pörtner 2004, S. 146). Entsprechende Instrumente lassen sich auch für demenzkranke Menschen erarbeiten. Ein solches Instrument ist zum Beispiel das von Kitwood und der Bradford Dementia Group entwickelte DMC (Dementia Care Mapping)-Verfahren (Kitwood 1997 b). Bei demenzkranken Menschen geht es um »relatives Wohlbefinden« (Kitwood & Bredin 1992, Kitwood 2000), das heißt »eher um den Erhalt des Personseins als um die Eindämmung von Krankheit. Es hängt zusammen mit emotionalem Erleben, Persönlichkeit, Selbstachtung, Kreativität und anderen Merkmalen, von denen angenommen wird, daß sie das Potential haben, relativ unberührt vom Krankheitsprozeß zu bleiben« (Morton 2002, S. 152). Das subjektive Erleben eines Menschen ist maßgebend für sein Wohlbefinden, nicht Faktoren, die Außenstehende als relevant betrachten – und die meist Ordnung, Sauberkeit und unauffälliges Verhalten betreffen, denn: »Geld fließt für soziale Präsentabilität« (Müller-Hergl 2004).

Dennoch reicht allein nach der Zufriedenheit der alten Menschen zu fragen nicht aus, um die Qualität der Betreuung wirklich zu gewährleisten. Bei solchen Befragungen ist allgemein eine Tendenz zu sozial erwünschten Antworten festzustellen, vor allem dann, wenn die Befragten in einem Abhängigkeitsverhältnis zur befragenden Instanz stehen. Das muß in der Auswertung berücksichtigt werden. Selbst leise Andeutungen von Unzufriedenheit sind sehr ernst zu nehmen, damit nach Verbesserungsmöglichkeiten gesucht werden kann. Darüber hinaus sind objektive Kriterien erforderlich, anhand derer sich feststellen läßt, ob und wie in einer Einrichtung nach den vorgegebenen Konzepten gearbeitet wird. Personzentrierte Haltung als solche läßt sich nicht messen, aber sie zeigt sich im konkreten Handeln der Mitarbeitenden, und das ist überprüfbar – vorausgesetzt es werden Kriterien formuliert, die sich nicht auf mechanische Verrichtungen beziehen, sondern auf die Grundsätze personzentrierten Handelns. Solche Kriterien lassen sich sowohl aus den sieben Grundsätzen für den Umgang mit alten Menschen wie aus den Richtlinien für den Alltag ableiten. Wie solche Kriterien aussehen können, zeigen die folgenden Beispiele. Sie müssen der jeweiligen Arbeitssituation angepaßt und im Detail so ausformuliert werden, daß sie genau den Aufgaben des betreffenden Arbeitsplatzes entsprechen. Die Beurteilung der Mitarbeitenden aufgrund der einzelnen Kriterien muß stets durch konkrete Beispiele aus ihrem Arbeitsalltag belegt werden.

BEISPIELE FÜR QUALITÄTSKRITERIEN, DIE SICH AN DER PERSONZENTRIERTEN ARBEITSWEISE ORIENTIEREN:

- **Klarheit**
  Wie klar sind Betreuende in ihrer Ausdrucksweise und in ihrem Handeln?
- **Entscheidend ist nicht, was fehlt, sondern was da ist**
  Können Betreuende die Ressourcen von Frau X. / Herrn Y. erkennen, oder orientieren sie sich vorwiegend an ihren / seinen Defiziten wie »Problemverhalten«, Symptomen, Beeinträchtigungen?
- **Selbstverantwortung**
  In welchen konkreten Situationen kann Herr X. / Frau Y. selber entscheiden?
  – wird ihm / ihr die Verantwortung überlassen?
- **Auf das Erleben eingehen**
  Verstehen und berücksichtigen Betreuende, wie die jeweilige Situation von Frau X. / Herrn Y. erlebt wird?
- **Eigenständigkeit unterstützen**
  In welchen konkreten Punkten wird die Eigenständigkeit von Herrn X / Frau Y. unterstützt und respektiert?
- **Überschaubare Wahlmöglichkeiten**
  Welche Wahlmöglichkeiten werden Frau X. / Herrn Y. geboten?
  Ausreichend? Zu wenig?
  Kann Frau X. / Herr Y. sie nutzen? Ist sie/er überfordert?
- **Stützen für selbständiges Handeln**
  Welche Stützen bekommt Herr X. / Frau Y?
  Sind sie angemessen? Zu viel? Zu wenig?

- **Die kleinen Schritte**
  Sehen und anerkennen Betreuende kleine Entwicklungsschritte?
  Wann und wie ermutigen sie die alten Menschen?
  Oder tadeln sie häufig deren Versäumnisse und Fehlleistungen?
- **Zuhören / Ernstnehmen / Die Sprache des Gegenübers finden**
  Sind Betreuende fähig und bereit, ihre eigenen Vorstellungen beiseite zu stellen und sich auf die Welt des anderen Menschen einzulassen?
  Hören sie genau zu oder vermischen sie, was sie hören, mit ihren eigenen Ansichten?
- **Den eigenen Anteil erkennen**
  Sind Betreuende fähig und bereit, das eigene Handeln zu reflektieren?

6 Begleitumstände, die zu bedenken sind

Wie unverzichtbar eine Qualität der Betreuung ist, die sowohl auf fachlicher wie auf persönlicher Kompetenz beruht, wird noch offensichtlicher, wenn wir uns einige Begleitumstände dieser Arbeit vor Augen führen:

Der Rollentausch zwischen den Generationen

Daß alte Menschen von – oft sehr viel – jüngeren Personen betreut werden, liegt in der Natur der Sache, ist jedoch nicht unproblematisch, weil die bisher gewohnte Rollenverteilung zwischen jung and alt auf den Kopf gestellt wird. Darin steckt ein Konfliktpotential, das nicht zu unterschätzen ist.

In der Zeit des Heranwachsens, in Elternhaus, Schule und Berufsausbildung, lernen junge Menschen von älteren; sie werden von ihnen angeleitet und in Lebensbereiche eingeführt, in welchen die älteren bereits Erfahrung haben. Die frühen Lebensjahre werden weitgehend von Älteren bestimmt, von denen die Jüngeren in vieler Hinsicht abhängig sind. Das ändert sich mit dem Erwachsenwerden. Man löst sich von den Eltern, läßt Schule und Lehrer hinter sich, übernimmt selber Verantwortung, wird berufstätig, gründet vielleicht eine Familie. Dieser Ablösungsprozeß verläuft sehr unterschiedlich und wird ebenso unterschiedlich erlebt. Für die einen ist es ein Kampf, der mit heftigen Emotionen verbunden ist; bei anderen vollzieht er sich ruhig und vorsichtig, Schritt für Schritt; wieder anderen fällt es grundsätzlich schwer, sich zu lösen, sie orientieren sich weiterhin am Vorbild der

Älteren, ja bleiben vielleicht sogar von ihnen abhängig; manche versuchen jeglicher Konfrontation auszuweichen und schleichen sich leise und unauffällig davon. Es gibt viele Arten, erwachsen zu werden und selber Verantwortung zu übernehmen. Entsprechend unterschiedlich sind die Gefühle junger Menschen gegenüber denen, von denen sie sich abgelöst haben. Diese Gefühle beeinflussen ihre Einstellung zur älteren Generation insgesamt.

In der Betreuungssituation sind die Rollen anders verteilt. Alte Menschen sind auf jüngere angewiesen, um ihren Alltag zu bewältigen, und brauchen deren Unterstützung in Bereichen, in denen sie nicht mehr allein zurechtkommen. Die Jungen übernehmen jetzt die Führung – allerdings auf einem Gebiet, das sie noch nicht aus eigener Erfahrung kennen. Die Rollen sind zwar vertauscht, aber doch nicht ganz, denn eines bleibt sich gleich: Nach wie vor sind die älteren Menschen den jüngeren auf dem Lebensweg ein paar Schritte voraus und haben einen Erfahrungshintergrund, der diesen fehlt. Es sind jetzt nicht Erfahrene, die Unerfahrene in einen Bereich einführen, in dem sie sich auskennen, sondern Unerfahrene, die andere in einer Lebensphase begleiten, die sie selber erst viel später kennenlernen werden. Auch wenn sie sich einiges Wissen darüber angeeignet haben, so können sie doch nicht auf eigenes Erleben zurückgreifen, das ihnen das Verstehen erleichtern würde. Das macht es für beide Seiten nicht einfach.

Die Betreuenden sind erneut ganz persönlich gefordert, denn jetzt kommen ihre eigenen Erfahrungen mit Eltern, Lehrern und anderen prägenden Figuren dieser Generation ins Spiel. Wie sie diese Personen erlebt haben, wie der Ablösungsprozeß verlaufen ist, welche Gefühle davon zurückgeblieben sind, ob und wie sich gewisse Beziehungen (zum Beispiel zu den Eltern) danach neu und anders gestaltet haben – das alles ist mitbestimmend für ihre Hallung gegenüber den Menschen, die sie betreuen. Nur wenn Betreuende auch in diesem Bereich den eigenen Anteil erkennen und sich alte, in ihrer Biographie wurzelnde Gefühle, Ängste,

Vorbehalte, Neigungen, Abneigungen und Reaktionen bewußt machen, können sie den Menschen, die sie betreuen, unvoreingenommen begegnen, ohne alte Emotionen auf sie zu übertragen. Das ist deshalb so wichtig, weil Gefühle und Reaktionsmuster, die sich auf frühere Erfahrungen beziehen, die Arbeit erheblich behindern können. Die einen haben vielleicht verinnerlicht, daß man älteren Menschen nicht widersprechen soll, und tun fraglos, was diese von ihnen verlangen; sie können sich nicht genügend abgrenzen und lassen sich ausnutzen. Andere übertragen ihre rebellischen Gefühle gegen die Eltern auf die Menschen, die sie betreuen, und wehren grundsätzlich alles ab, was von ihnen kommt. Manche fühlen sich den alten Menschen überlegen, wissen alles besser, bevormunden und gängeln sie. Wieder andere sind überbesorgt, überschütten die ihnen anvertrauten Menschen mit Zuwendung und Fürsorge und betreuen sie viel mehr, als diesen lieb ist. Da gibt es unzählige Spielarten, doch schon diese wenigen Beispiele zeigen, wie wichtig es bei dieser Arbeit ist, sich selber sehr gut zu kennen.

Für alte Menschen ist der Rollenwechsel ebenfalls nicht einfach. Manchen macht es Mühe, auf jüngere angewiesen zu sein, die viel weniger Lebenserfahrung haben und meist wenig wissen über die früheren Zeiten, die für sie selber prägend gewesen waren. Das macht den einen mehr, den anderen weniger zu schaffen. Und je nach ihrer psychischen Verfassung, ihren Vorerfahrungen und ihrer geistigen Beweglichkeit sind sie mehr oder weniger gut in der Lage, sich damit auseinanderzusetzen und vielleicht auch *ihren Anteil* an einer schwierigen Situation zu erkennen. Das können ihnen Betreuende mit ihrer Haltung erleichtern, aber sie dürfen niemals von sich aus diesen Prozeß anstoßen wollen und auch nicht erwarten oder gar verlangen, daß er stattfindet. Aufgabe der Betreuung ist nicht alte Menschen zu erziehen, sondern sich verständnisvoll in ihr Erleben einzufühlen und ihre biographische Prägung zu berücksichtigen. Das heißt nicht, daß immer alle Erwartungen erfüllt werden können oder müssen.

Die Spannweite unterschiedlicher Anforderungen und Erwartungen

Nicht allen alten Menschen ist bewußt, wie hoch die fachlichen und persönlichen Anforderungen sind, die an Betreuende gestellt werden. Manche erwarten von ihnen in erster Linie Dienstleistungen und verstehen sich als zahlende Gäste einer Institution, in der sie – ähnlich wie in einem Hotel – Ansprüche stellen und Aufträge erteilen können. In den Mitarbeitenden sehen sie nicht so sehr die qualifizierten Fachpersonen als vielmehr Angestellte, die dazu da sind, ihnen behilflich zu sein und ihre Wünsche zu erfüllen. Selbstverständlich ist das nicht bei allen so, es gibt viele, welche die Leistungen der Betreuenden sehr wohl zu schätzen wissen und keine übertriebenen Ansprüche stellen. Und es gibt auch solche, die keinerlei Ansprüche stellen und alles dankbar annehmen wie ein Geschenk – obwohl sie eigentlich ja ein Recht auf gute Betreuung haben –, jegliche Verantwortung an die Betreuenden abgeben und sich ihnen beinahe unterwürfig fügen. Wieder andere können sich mit dem – meist nicht ganz freiwilligen, sondern durch die Umstände notwendig gewordenen – Umzug aus ihrem gewohnten Zuhause in eine neue Umgebung nicht abfinden. Sie erwarten, daß alles genauso weitergeht, wie sie es bisher gewohnt waren, und sind, weil das kaum möglich ist, nur schwer zufriedenzustellen.

Die Anliegen und Erwartungen verschiedener Menschen sind ebenso unterschiedlich wie ihre Persönlichkeiten und ihre Lebensgeschichten. Frau L. zum Beispiel, die ihr Leben lang hart gearbeitet hat und immer mit wenig auskommen mußte, findet im Altersheim: »So gut hatte ich es noch nie.« Herr U. hingegen, der in seinen aktiven Jahren Hotelier war und gewohnt, Personal zu führen, sieht sich immer noch in dieser Rolle – sehr zum Ärger der Betreuenden, die sich das nicht gefallen lassen wollen und zu Recht finden, es sei nicht seine Sache, hier das Personal zu führen. Von Bewohnern wie Herrn U. fühlen Betreuende sich mißachtet und ausgenutzt, sie reagieren entsprechend schroff, und schon beginnt sich ein Teufelskreis zu drehen, der zu nichts führt und für beide Seiten sehr aufreibend ist. Bei den Überangepaßten hingegen, die sich dankbar in alles fügen, kommen Betreuende leicht in Versuchung, das nur allzu gerne so hinzunehmen, weil es bequem ist. Doch die wirklichen Bedürfnisse der betreffenden Menschen kommen dabei zu kurz. Solche Reaktionen sind zwar verständlich, aber sie fördern weder das Wohlbefinden der Pensionäre noch die Arbeitszufriedenheit der Betreuenden, denn so macht ihnen die Arbeit wenig Freude.

Einerseits hohe fachliche und persönliche Anforderungen zu erfüllen und andererseits einfache Dienstleistungen zu erbringen, ist für qualifizierte Mitarbeitende ein schwieriger Spagat. Sie verstehen sich zu Recht nicht als Bedienungspersonal, sondern als Fachleute, die ihre Kompetenzen einsetzen möchten. Sie erwarten, daß die alten Menschen das zu schätzen wissen, da es ja zu ihrem Besten ist. Doch die sehen das manchmal ganz anders. Sie möchten einfach ihre Wünsche erfüllt sehen, welche oft gar nicht den Vorstellungen entsprechen, die sich Betreuende von ihrer Aufgabe machen. Lassen sich solche gegensätzlichen Anforderungen und Erwartungen überhaupt auf einen gemeinsamen Nenner bringen?

Ein erster Schritt ist, den Blickwinkel zu verändern und die unterschiedlichen Ansprüche nicht als unüberbrückbare Gegensätze zu sehen, sondern sie so miteinander in Verbindung zu bringen, daß sie sich gegenseitig ermöglichen und ergänzen. So betrachtet, bekommen einfache Dienstleistungen und Alltagroutine einen ganz anderen Stellenwert: Sie werden zum Instrument, um Fachkompetenz einsetzen zu können.

ist ein zentraler Aspekt der Betreuung. Wenn Frau M. darum bittet, ihr beim Suchen der Brille zu helfen, kann das genutzt werden, um etwas über ihre Befindlichkeit zu erfahren und vielleicht darüber, was sie gerne liest oder an welchen Handarbeiten sie Freude hat. Bei solchen Gelegenheiten entsteht manchmal viel leichter Kontakt, als wenn gezielt versucht wird, ein Gespräch anzuknüpfen. Psychische Begleitung, aber auch einfach miteinander sprechen, kann und soll in die täglichen Verrichtungen eingebunden werden. Es müssen nicht immer besondere Gespräche sein – im Gegenteil, manche Menschen sind in Alltagssituationen viel aufgeschlossener und mitteilsamer. Beim Waschen, beim Kämmen, beim Nägelschneiden können Betreuende manches über Frau F.s Empfindungen und Vorlieben erfahren. Wenn Herr R. die Pflegeperson bittet, ihm die Krawatte auszusuchen, kann das für ihn eine Gelegenheit sein, von seiner Frau zu erzählen, die das früher immer gemacht hat. Die Körperpflege öffnet dem Betreuer einen Zugang zu Herrn W.s Erleben, er kann erkennen, was Herr W. als angenehm und was er als unangenehm empfindet, und es berücksichtigen. So kann Beziehung entstehen und Vertrauen wachsen.

Selbst wenn einmal eine Hilfeleistung verlangt wird, die nicht unbedingt zu ihren Aufgaben gehört, können Betreuende sie als Gelegenheit nutzen, um Kontakt herzustellen – und bewegen sich damit schon wieder im Rahmen ihrer Kernaufgaben. Wünsche können immer auch als Kontaktmöglichkeiten verstanden werden. So betrachtet, kann ein Anliegen, das nicht in ihren engeren Pflichtenkreis gehört, den Betreuenden dazu verhelfen, wichtige Aspekte ihrer Aufgabe zu erfüllen: Erleben begleiten und die Kontaktfunktionen stärken. Doch selbstverständlich gibt es dafür Grenzen.

gehört ebenso zur Fachkompetenz wie auf andere eingehen können. Betreuende mögen Herrn F. durchaus gelegentlich einen Gefallen tun, der eigentlich nicht zu ihren Aufgaben gehört, oder Frau X. etwas abnehmen, das sie ebensogut selber machen könnte, aber es darf nicht zur Norm werden. Sie dürfen sich nicht ausnutzen und manipulieren lassen, sondern müssen eine gute Balance finden zwischen den Erwartungen der alten Menschen und den Ansprüchen, die sie selber an ihre Arbeit stellen. Abgrenzung ist für Betreuende unverzichtbar, um für sich selbst Sorge zu tragen, sich nicht zu verschleißen und dem Burnout-Syndrom vorzubeugen. Sie müssen – immer im Rahmen der Aufgabe, die sie zu erfüllen haben – das eigene Erleben genauso ernst nehmen wie das der Menschen, die sie betreuen, und merken, wo ihre Grenzen sind.

Es kommt jedoch sehr darauf an, *wie* Grenzen gesetzt werden, damit andere Menschen sie akzeptieren können. Der beste Weg ist auch hier, sich zuerst einmal in *ihre* Situation und *ihr* Erleben einzufühlen und von da aus – auf der Basis von Verständnis und Akzeptanz – die eigene Position abzugrenzen. Wenn Menschen sich angenommen und verstanden fühlen, fällt es ihnen leichter, ihrerseits andere zu verstehen und deren Grenzen zu respektieren.

Ein Thema kann und darf bei dieser Arbeit nicht ausgeblendet werden:

Sterben und Tod

Die Lebensphase, in der alte Menschen betreut werden, ist ihre letzte, und sie führt unausweichlich zum Tod. Selbst wenn diese Tatsache gerne verdrängt, beschönigt oder nicht beachtet wird – so ist sie doch im Hintergrund stets präsent und beeinflußt den Alltag und die Befindlichkeit aller Beteiligten. Ihr nicht auszuweichen fällt den Betreuenden ebenso schwer wie den betroffenen Menschen selber – manchmal noch schwerer. Daß die Menschen, die sie begleiten, auf den Tod zugehen, konfrontiert sie mit der eigenen Vergänglichkeit und führt ihnen vor Augen, daß die letzte Lebensphase unaufhaltsam früher oder später auch auf sie zukommt. Sehr junge Menschen, für die das noch in weiter Ferne liegt, stehen der Situation meist unbefangener gegenüber als die schon etwas älteren, die den späten Jahren bereits näher sind.

Unbefangenheit ist wichtig, um Menschen in dieser Lebensphase auf angemessene Weise zu begegnen. Zu wissen, daß der Tod nahe ist, bedeutet keineswegs, ständig traurig, ernst oder bedrückt zu sein. Dieser Lebensabschnitt kann viele heitere, frohe und glückliche Momente beinhalten. Das Bewußtsein der begrenzten Zeit macht den Augenblick um so kostbarer – und manche Menschen wissen ihn im Alter viel bewußter zu schätzen als in jüngeren Jahren. Sie möchten keinen Moment verlieren, haben deshalb vielleicht manchmal wenig Geduld und möchten ihre Anliegen sofort verwirklicht sehen. Auch wenn das meistens nicht möglich ist, sollte das Umfeld nicht mißbilligend, sondern verständnisvoll darauf reagieren. Die Tatsache, daß nicht mehr viel Lebenszeit verbleibt, ist eine Herausforderung, mit der jeder Mensch auf seine Weise fertigzuwerden versucht. Es gibt viele Varianten: sich bewußt auf das Ende vorbereiten, Angst davor haben, den Tod gelassen auf sich zukommen lassen, sich vielleicht sogar darauf freuen, es von sich wegschieben oder nicht wahrhaben wollen – alles ist möglich.

Doch wie immer sich ein Mensch zu der Tatsache des näher rückenden Todes verhält: Die Begleitenden müssen es respektieren, auch wenn sie finden, daß es anders besser wäre. Das Thema Sterben darf nicht tabu sein, sondern muß in der Betreuung Raum haben, aber nur in dem Maße und in der Weise, wie es die einzelnen Menschen selber wollen. Es darf ihnen weder aufgedrängt noch darf ihm ausgewichen werden. Betreuende müssen dafür offen sein, so daß sie merken, wenn jemand darauf zu sprechen kommen möchte, und unvoreingenommen darauf eingehen können. Das ist nur möglich, wenn sie sich selber mit der Thematik und den Gefühlen, die sie bei ihnen auslöst, auseinandergesetzt haben. Gespräche über Tod und Sterben erfordern Fingerspitzengefühl und Respekt vor dem Unbekannten. Niemand weiß, wie es auf dieser Wegstrecke wirklich ist. Besserwisserei und gute Ratschläge sind ebenso fehl am Platz wie Beschwichtigungen und Beschönigungen. Der Grundsatz »Entwicklung ist ein lebenslanger Prozeß« hilft, die richtige Einstellung zu finden und Wertschätzung aufzubringen für die ganz eigene Art jedes Menschen, diesen Lebensabschnitt zu bewältigen, selbst wenn sie befremdlich oder unpassend erscheint. Wissen wir denn, wie wir uns fühlen und verhalten werden, wenn wir eines Tages selber diese Wegstrecke betreten?

Jeder Schritt auf diesem Wegstück ist neu und unbekannt. Sicher ist nur, daß am Ende der Tod steht. Doch *wie* der sein, wie er sich anfühlen wird, kann niemand vorhersagen. Auch nicht die vielzitierten Nahtod-Erfahrungen, denn sie sagen eben nur über Nahtod-Erfahrungen etwas aus, nicht über den letzten endgültigen Schritt. Der ist für jeden Menschen eine neue, unwiederholbare, einmalige Erfahrung – vielleicht bedrohlich, schmerzhaft, beängstigend, vielleicht auch friedlich, heiter und sanft. Niemand weiß es, und niemand kann einem anderen Menschen Anleitungen geben. Für die Vollendung der letzten Entwicklungsstufe ist jeder Mensch ganz auf sich selbst und seine persönlichen Ressourcen angewiesen. Begleitung kann dabei unterstützen, doch sie darf niemandem aufgedrängt werden und muß sehr zurückhaltend, behutsam und respektvoll bleiben. Es kommt auf feine Nuancen an, die von den Begleitenden Einfühlungsvermögen verlangen sowie die Bereitschaft, sich auf die innere Welt des anderen Menschen und auf *seine* Realität einzulassen. In diesem Zusammenhang ist der Grundsatz »es gibt nicht nur (m)eine Realität« von besonderer Bedeutung.

7 Verschiedene Wirklichkeiten

Was ist überhaupt Realität? Oder: »Wie wirklich ist die Wirklichkeit?« (Watzlawick 1976) Sich darüber Gedanken zu machen, erleichtert es, den Zugang zu finden zu anderen Wirklichkeiten anderer Menschen, der für die Begleitung von alten und ganz besonders von demenzkranken Menschen unbedingt erforderlich ist.

Die Realität hat viele Facetten, von denen immer wieder andere aufscheinen – vergleichbar einem geschliffenen Kristall, der je nach Standpunkt, Blickwinkel und Lichteinfall sein Aussehen verändert. Nicht nur unterscheiden sich die Wirklichkeiten verschiedener Menschen voneinander, auch jeder einzelne Mensch erlebt im Lauf seines Lebens verschiedene Wirklichkeiten. Wie bereits in den Grundsätzen erwähnt (vgl. S. 54–56), gibt es eine äußere und eine innere Realität, die sich gegenseitig durchdringen und beeinflussen. Stierlin (1981) spricht von der »harten« und der »weichen Realität«, wobei zu der weichen »unter anderem unsere Wahrnehmungen, Deutungen, Emotionen und Phantasien gehören. Als ›harte‹ Realität müßte in diesem Sinn alles faktische, stoffliche, körperliche (und damit direkt affektwirksame, das heißt letztlich immer *materielle)* Geschehen gezählt werden« (Ciompi 1982, S. 224). Wir sehen: Realität ist nicht eindeutig, eindimensional und klar festlegbar, sondern fügt sich aus verschiedenen Aspekten zusammen. Was also ist Wirklichkeit?

Wahrnehmung

Wirklichkeit ist eng mit Wahrnehmung verbunden, und die ist individuell sehr unterschiedlich. Das wird auch aus neurobiologischer Sicht bestätigt (Ansermet & Magistretti 2004). François Ansermet stellt fest, »daß jede Erfahrung und jede Wahrnehmung, die ein Mensch macht, vollständig individuell ist und infolgedessen eine absolut individuelle synaptische Spur hinterlässt ... Das führt dazu, daß wir alle die Außenwelt mit unterschiedlichen Rastern wahrnehmen« (NZZ am Sonntag, 13.03.2005). Die Wahrnehmenden mit ihrem Blickwinkel sind Bestandteil der Wirklichkeit, die sie wahrnehmen. Zudem ist, was wir als Realität bezeichnen, von kulturellen, religiösen, ethnischen und persönlichen Faktoren und nicht zuletzt von den jeweils geltenden Wertsystemen beeinflußt. Die Wirklichkeit sieht deshalb für jeden Menschen etwas anders aus. Es ist ein verhängnisvoller Irrtum, sich vorzumachen, was man selbst wahrnimmt, sei *die* Realität. Watzlawick befindet sogar, »daß der Glauben, es gäbe nur eine Wirklichkeit die gefährlichste all dieser Selbsttäuschungen ist« (1976, S. 7). Verschiedene Wirklichkeiten verschiedener Menschen zu akzeptieren, ist eine Grundvoraussetzung, durch die Kontakt, Beziehung, Zusammenleben und gegenseitiges Verstehen erst möglich werden. Sie ist nicht immer leicht zu verwirklichen. Je stärker sich die Realität eines anderen Menschen von der eigenen unterscheidet, desto schwerer fällt es, sie als Realität gelten zu lassen, vor allem wenn es sich um Menschen handelt, deren Orientierung, Gedächtnis, Wahrnehmung oder Urteilskraft beeinträchtigt ist, die an Wahnvorstellungen leiden oder in einer »anderen Welt« zu leben scheinen. Doch die Beeinträchtigungen eines Menschen sind *Teil seiner Realität,* die ganzheitlich betrachtet und verstanden werden muß.

Entwicklung

Was wir Realitätsbezug nennen, ist nicht angeboren, sondern entwickelt sich im Laufe der ersten Lebensjahre. Zunächst erleben Neugeborene sich und ihr Umfeld als Einheit. Erst allmählich lernt das Kind, daß ein Unterschied besteht zwischen seiner eigenen, inneren Realität und der äußeren, die es mit anderen gemeinsam hat. »Bei jedem Kind entwickeln sich in den ersten Lebensjahren zwei verschiedene Welten im Denken, Fühlen und Handeln … Es sind zwei verschiedene Realitäten« (Lempp 2003, S. 36). Kleine Kinder erleben beide gleichermaßen real, sie können mit Leichtigkeit von der einen zur anderen wechseln und sie miteinander verknüpfen.

Beispiel

Die kleine Vera und ihre Eltern sind zu Besuch bei Bekannten, die gerade umgezogen sind. Die Erwachsenen besichtigen die neue Wohnung. Vera vertreibt sich unterdessen die Zeit im Wohnzimmer, wo sie mit einem imaginären Teddybären spielt. Die Erwachsenen kommen zurück, Veras Vater will sich in einen Sessel setzen, da schreit Vera entsetzt auf: »Nicht Papa, da sitzt doch der Bär!« In diesem Moment sind beide Realitäten für sie gleich wirklich.

Das Wechseln von einer Realität in die andere vergleicht Lempp mit der Erfahrung Erwachsener, die nach einem spannenden Film aus dem Kino kommen, oder beim Erwachen aus einem Traum: Man benötigt einen Moment »dazwischen«, um von der einen Realität in die andere zurückzufinden (Lempp 2003).

Mit dem Heranwachsen wird die gemeinsame Realität – die Lempp als »Hauptrealität« bezeichnet (Lempp 2003, S. 38) – immer zentraler, die private Realität tritt in den Hintergrund. Doch sie bleibt als »Nebenrealität« (ebd.) weiterhin von Bedeutung und auf vielfache Weise mit der »Hauptrealität« verflochten.

Auch als Erwachsene leben wir in verschiedenen Realitäten, man denke nur an Träume, Tagträume und Phantasien, in denen Sehnsüchte und Wünsche vorübergehend Wirklichkeit werden, die Zuflucht bieten vor den Widrigkeiten der äußeren Realität und über Leid und Enttäuschungen hinwegtrösten. Auch die Kunst – Malerei, Musik, Dichtung und Film – ermöglicht es, in andere Realitäten einzutauchen und die engen Grenzen der Alltagsrealität zu überschreiten. Selbst sehr einfach gestrickte Fernsehsendungen erfüllen diese Funktion, indem sie den Zuschauenden für ein paar Stunden die Sehnsucht nach heiler Welt erfüllen, Ersatz für Frustrationen bieten oder ihnen ermöglichen, Ängste zu bannen und Größenphantasien auszuleben.

»Nebenrealitäten« erfüllen durchaus ihren Sinn. Regression, das heißt das Zurückfallen in frühere Formen des Erlebens, bietet Entlastung, schützt vor Überforderung und ermöglicht Distanz, ist also sehr nützlich, um Krisen und schwierige Lebenssituationen zu überbrücken, Luft zu schöpfen, bis man sich ihnen wieder zu stellen vermag. »Die Fähigkeit zur Regression macht den Menschen überhaupt erst lebensfähig in der Wirklichkeit. Sie ist ein existentielles Prinzip« (Lempp 2003, S. 80). Problematisch wird es erst, wenn die verschiedenen Realitäten nicht mehr unterschieden werden können, zum Beispiel wenn »Nebenrealitäten« mit bedrohlichen und Angst machenden Inhalten sich zu Wahnideen auswachsen, oder wenn Phantasien in Taten (kriminelle Handlungen, Gewalttätigkeit, sexuelle Übergriffe) umgesetzt werden. Nicht mehr zur »Hauptrealität« zurückkehren können (oder vielleicht unbewußt nicht mehr wollen) und in der »Nebenrealität« verharren, ist gleichbedeutend mit psychischer Erkrankung.

Lempp will seine Überlegungen zur Regression ausdrücklich *nicht* auf Demenz und psychische Veränderungen im Alter bezogen wissen, »weil dieser Prozeß keine aktive Rückwendung in die psychischen Verhältnisse der Kindheit ist, sondern ein organischer Abbau der Gehirnfunktion« (Lempp 2003, S. 25). Es ist sicher richtig, nicht von aktiver Regression zu sprechen. Auf der anderen Seite ist nicht einzusehen, weshalb im Alter – selbst wenn ein organischer Abbau der Gehirnfunktionen stattfindet – »das Kind im Menschen« (Lempp 2003) auf einmal verschwunden sein und nicht mehr gelten soll, daß »der Mensch sich nie ganz von seiner Kindheit lösen« kann (ebd., S. 12).

Altersbedingte Veränderungen sollten nicht *ausschließlich* vom organischen Abbau her verstanden werden, auch wenn ein solcher tatsächlich besteht. Ein Mensch ist nie *nur* dement. Wenn wir Entwicklung als lebenslangen Prozeß betrachten, kann der Verlust von Fähigkeiten *auch* bedeuten, daß sie auf diesem Wegstück nicht mehr so notwendig gebraucht werden, daß anderes jetzt mehr Bedeutung bekommt – Gedanken, Erinnerungen, Phantasien, Träume. Vielleicht schlägt der »fehlende Realitätsbezug« eine Brücke zu jener anderen Wirklichkeit, auf welche wir zugehen: das Sterben. Der Tod ist eine *andere* Realität – und das verstehe ich ohne jede esoterische Bedeutung: Zu Asche oder zu Erde werden *ist* eine andere Realität, das »Nichts« (was immer man sich darunter vorstellen mag) *ist* eine andere Realität. Ganz gleich, wie wir uns das »danach« denken, was wir glauben oder nicht glauben, es ist eine *andere Realität* als die, in der wir jetzt leben. Gut möglich, daß auf dem Weg dahin die innere Wirklichkeit zeitweise wichtiger ist als die äußere. Vielleicht bedeutet der – unbestreitbare – Verlust von Fähigkeiten nicht *nur* Verlust, sondern auch Befreiung von Ballast. Im Sinne der lebenslangen Entwicklung kann Abbau auch als Hinwendung zu jener anderen Wirklichkeit verstanden werden, die am Ende des menschlichen Lebens steht.

Das bedeutet keinesfalls, daß Bezugspersonen medizinische Fakten verkennen oder auf die Unterstützung vorhandener Fähigkeiten verzichten sollen. Es bedeutet, Menschen *nicht nur* auf diese Fakten zu reduzieren, sondern auch ihre innere Welt wahrzunehmen und anzuerkennen, selbst wenn sie fremd und unverständlich erscheint. So können Betreuende dazu beitragen, daß die Verbindung zwischen den beiden Realitätsebenen aufrechterhalten werden kann. Betreuung ist gegenüber Altersabbau und Demenz keineswegs nur zu Passivität und Ohnmacht verurteilt, sondern kann deren Verlauf entscheidend beeinflussen. Deshalb ist es hilfreich, »die Demenz zur Seite zu schieben und unsere Hauptaufmerksamkeit auf die Person zu richten« (Morton 2002, S. 149).

Kommunikation

Man braucht nicht soweit zu gehen wie Watzlawick, der die Ansicht vertritt, »daß die sogenannte Wirklichkeit das Ergebnis von Kommunikation ist« (Watzlawick 1976, S. 7), doch es ist unbestreitbar, daß Wirklichkeit sehr stark durch Kommunikation mitbedingt wird.

Innere und äußere Wirklichkeit sind – wie bereits erwähnt – miteinander verflochten und beeinflussen einander gegenseitig. Mit anderen Worten: Die innere Realität eines Menschen wird ebenso sehr von der Haltung des Umfeldes bestimmt wie von innerpsychischen und organischen Faktoren. Neuropathologische Veränderungen dürfen nicht übersehen oder gar geleugnet werden, doch die betroffenen Menschen *ausschließlich* unter diesem Gesichtspunkt zu betrachten, hat verheerende Auswirkungen.

Das hat Tom Kitwood seit 1987 immer wieder nachdrücklich betont. Und die Erfahrungen von Bell und McGregor im ebenfalls 1987 gegründeten Spring Mount Pflegeheim in Bradford beweisen, daß es auch anders geht, daß die Persönlichkeit demenzkranker Menschen nicht zwangsläufig verlorengehen muß, sondern durch eine geeignete Pflegeumwelt erhalten werden kann (Bell & McGregor 1994, 1995). Sie bestätigten Kitwoods Überzeugung, daß die »neuropathologische Ideologie« nicht nur falsch sei, sondern darüber hinaus auch großen Schaden anrichte. Er spricht von einer »malignen Sozialpsychologie« – und meint mit diesem Begriff »eine Reihe typischer Aspekte bei interpersonalen

Interaktionen und Beziehungen, die er als zerstörerisch für das Personsein betrachtete« und für einen der Faktoren hält, »die in einer dialektischen Beziehung mit der neurologischen Beeinträchtigung zusammenwirken und die senile Demenz hervorrufen« (Morton 2002, S. 146). Sie sind gekennzeichnet durch »Mißachtung gegenüber der Subjektivität des Menschen mit Demenz«. Diese Verhaltensweisen beruhen »selten auf bösen Absichten«, sondern sind eher als gedankenlos übernommenen »Teil des kulturellen Erbes in der Demenzpflege« anzusehen (Morton 2002, S. 147). Die ausschließlich neuropathologische Sichtweise hat die Überzeugung gefördert, daß Demenz »angeblich nur eine leere Hülle zurückläßt« und es daher keine Rolle spiele, wie Betreuende sich gegenüber Menschen mit Demenz verhalten, weil »ihr Verfall unausweichlich« sei und sie »sowieso nicht mehr richtig da« seien (Morton 2002, S. 139). Obschon sich inzwischen manches geändert hat, ist diese Ansicht noch immer weit verbreitet, auch unter Betreuenden, vor allem wenn sie schlecht oder ungenügend ausgebildet sind und nicht wissen, wie sehr sie durch ihre Art und Weise, mit den Menschen umzugehen, den Verlauf der Demenz – negativ oder positiv – beeinflussen können.

Mißachtung ihrer subjektiven Realität drängt Menschen in die Isolation und bewirkt, daß sie den Kontakt mit der gemeinsamen Realität immer mehr verlieren. Je mehr sie sich abkapseln, desto weniger werden sie verstanden, und je weniger sie sich verstanden fühlen, desto mehr kapseln sie sich ab – ein Teufelskreis, der sich stetig verstärkt. Das muß vermieden werden. Betreuung sollte im Gegenteil den Kontakt zur gemeinsamen Realität erleichtern, anregen und stärken. Das kann sie nur leisten, wenn die subjektive Realität des anderen Menschen ebenfalls anerkannt und ernst genommen wird. Die beiden Ebenen der Wirklichkeit dürfen nicht voneinander abgeschnitten werden, indem man nur die eine gelten läßt. Wenn ein Mensch spürt, daß seine innere Realität angenommen wird, ist er viel eher fähig, auch die äußere wahrzunehmen. Diese Fähigkeit kann von den Betreuenden gefördert und unterstützt werden, indem sie Brücken schlagen zwischen den verschiedenen Wirklichkeiten. Dafür bietet Proutys prä-therapeutischer Ansatz mit den Kontaktreflexionen (vgl. S. 36–37) ein wertvolles methodisches Instrument, und zwar in doppelter Hinsicht: Kontaktreflexionen weisen den Betreuenden einen Weg zur inneren Welt anderer Menschen und helfen diesen mit der Realität, die sie umgibt, in Kontakt zu treten.

Traum

Der Traum ist eine andere Realität, die wir alle kennen. Im Traum wird ein Teil von uns selbst sichtbar, der uns im Wachsein verborgen bleibt oder nur bruchstückweise in der Erinnerung an das Geträumte zugänglich ist. Im Traum leben wir in einer andern Welt, die zwar zu der, die wir im Wachzustand kennen, einen engen Bezug hat, aber ganz anders zusammengefügt ist. Es ist eine innere Welt mit anderen Farben und anderen Bildern, die ihr eigenes Zeitmaß hat und eigenen Gesetzmäßigkeiten gehorcht. Sie ist die andere Seite unseres Erlebens, die im Wachzustand nicht zum Zuge kommt. Ganz gleich, welche Bedeutung dem Inhalt von Träumen zugeschrieben wird – es gab im Lauf der Geschichte und gibt weiterhin sehr unterschiedliche Auffassungen darüber –, der Traum ist ein innerpsychisches Geschehen, das der emotionalen Verarbeitung dient. Seit den ersten Beobachtungen des REM-Schlafs beim Menschen durch Aserinsky & Kleitmann (1953) weiß man, daß alle Menschen regelmäßig träumen, auch die, welche glauben es nie zu tun. Neuere Forschungen sehen »die übergeordnete Funktion des Traumes in der Entwicklung, Erhaltung (Regulierung) und Wiederherstellung der psychischen Organisation« (Fosshage 2000, S. 721).

Beim Erwachen aus einem Traum – in diesem merkwürdigen Zustand zwischen zwei Welten, nicht mehr dort, aber auch noch nicht ganz da –, in diesem kurzen Schwebezustand auf zwei

Realitätsebenen, die für einen Moment ineinanderfließen, wird deutlich erlebbar, daß es *verschiedene Wirklichkeiten* gibt.

In früheren Jahren hat mich vor allem der Inhalt der Träume interessiert, an den ich mich beim Erwachen zu erinnern versuchte. Heute ist es viel stärker das Gefühl, aus einer ganz anderen Wirklichkeit zu kommen, dem ich jeweils noch eine Weile nachhänge. Und ich frage mich manchmal, ob es nicht sein könnte, daß die Realität des Traumes in irgendeiner Form eine psychische Verbindung herstellt zu der Realität, auf die das Leben unaufhaltsam zuführt und die immer näher kommt: die Realität von Sterben und Tod. Der Gedanke hat etwas Tröstliches, selbst wenn er vielleicht nur dem unbewußten Wunsch entspringt, dem Unfaßbaren eine Gestalt geben zu können. Doch unter dem erwähnten Gesichtspunkt der »Entwicklung, Erhaltung (Regulierung) und Wiederherstellung der psychischen Organisation« (Fosshage, a.a.O.) ist er gar nicht so abwegig angesichts der Tatsache, daß das Thema Sterben und Tod mit zunehmendem Alter eine zentrale Bedeutung bekommt.

Möglich, daß Zustände von Verwirrtheit und Desorientierung – selbst wenn sie auf neurophysiologische Veränderungen zurückzuführen sind und zweifellos eine Beeinträchtigung darstellen – ähnlich erlebt werden wie Träume und wie diese eine bestimmte Funktion haben. Wir wissen es nicht. Doch es gibt Anzeichen, die dafür sprechen: beispielsweise, daß viele Menschen bei Angehörigen, die ihre intellektuellen und lebenspraktischen Fähigkeiten weitgehend oder ganz verloren haben, gerade in diesem Stadium unerwartete Momente intensiver emotionaler Präsenz erlebt haben.

Beispiel

Herr S., dessen Beziehung zu seiner sehr intellektuellen und dominanten Mutter immer sehr schwierig gewesen war, empfindet ein paar Momente in den letzten Tagen vor ihrem Tod als die schönsten, die er mit seiner Mutter im Leben erlebt hat.

Obwohl – oder vielleicht gerade weil – sie in einem Zustand war, vor dem sich beide stets gefürchtet hatten, als alles, was sie bisher dargestellt hatte, von ihr abgefallen war, wurde zwischen ihnen eine tiefe emotionale Verbindung spürbar, die er so nie zuvor erfahren hatte.

Der Vergleich mit dem Traum hilft vor allem auch dem Umfeld, Verwirrtheitszuständen und den daraus entstehenden seltsamen Handlungen gelassener und verständnisvoller zu begegnen, den Menschen ihre Fehlleistungen nicht als Versagen anzulasten und sie deswegen zu tadeln, sondern sie als Teil ihrer Wirklichkeit zu akzeptieren. Wer diese Vielfalt der Wirklichkeit vor Augen hat, wird unweigerlich die eigene ein wenig relativieren und ein breiteres Verständnis für andere Menschen entwickeln – gute Voraussetzungen für eine qualitativ hochstehende, individuelle Begleitung von alten Menschen.

8 Perspektiven

Die Vorstellungen vom Leben im Alter haben sich gewandelt – und damit auch die Anforderungen an Betreuung und Begleitung. Es gibt nicht *eine* richtige Art, das Leben im Alter zu gestalten, sondern fast ebenso viele unterschiedliche Auffassungen davon, wie es unterschiedliche Menschen gibt. Es braucht deshalb verschiedene, flexible Formen der Betreuung, welche individuellen Bedürfnissen entgegenkommen. Der Wandel, der in den vergangenen Jahrzehnten stattgefunden hat, hängt sowohl mit der demographischen Entwicklung wie mit gesellschaftlichen Veränderungen zusammen. Es gibt im Verhältnis zur Gesamtbevölkerung immer mehr alte Menschen, jedenfalls in Westeuropa; sie sind zu einem nicht zu unterschätzenden politischen und wirtschaftlichen Faktor geworden, wobei letzteres aufgrund ihrer Kaufkraft einerseits positiv, andererseits als Kostenfaktor im Sozialwesen negativ bewertet wird.

Vielfalt der Ansprüche

Es gibt kaum mehr die gefügigen anspruchslosen Alten von ehedem, die dankbar sein mußten für Wohltätigkeit und Almosen in einer Zeit, da Altersvorsorge noch nicht selbstverständlich und alt sein – sofern man nicht über ein Vermögen verfügte – gleichbedeutend war mit Armut. Heute haben wir es in der Regel mit selbstbewußten Persönlichkeiten zu tun, die wissen, was sie wollen und was ihnen zusteht. Der Rentenanspruch ist zur Selbstverständlichkeit geworden, obschon inzwischen Zweifel bestehen, ob er auf Dauer gesichert werden kann. Die alten Menschen von heute haben in jüngeren Jahren mit ihrer Arbeitskraft maßgeblich zum wachsenden Wohlstand der Nachkriegsjahre beigetragen. Das ist ihnen bewußt, und sie wissen sich notfalls für ihre Rechte und Anliegen zu wehren, wie das Beispiel der »grauen Panther« und zahlreicher anderer »Seniorenorganisationen« zeigt. Bald wird die aufmüpfige Generation der »68-er« (oder »baby boomer«, wie sie im englischen genannt werden) ins Pensionsalter kommen – sie wird wohl kaum besonders gefügig und »pflegeleicht« sein, sondern ihre Wünsche und Bedürfnisse vertreten. Diese sind so unterschiedlich wie die Menschen selber, ihre Herkunft, Erfahrungen, Lebensumstände und Biographien. Betreuung wird in Zukunft immer mehr einer Vielfalt unterschiedlicher Ansprüche genügen müssen, die ebenso vielfältige Angebote erforderlich machen.

Laut Umfragen möchten die meisten Menschen möglichst lange in ihrer vertrauten Umgebung bleiben, am liebsten in der eigenen Wohnung, und wenn das nicht mehr möglich ist, wenigstens irgendwo in der Nähe, im gleichen Quartier oder im gleichen Dorf. Das ruft nach erweiterten, vielseitigeren ambulanten Dienstleistungen sowie nach quartiernahen Wohnmöglichkeiten in verschiedenen Formen wie Wohngemeinschaften, Alterswohnungen, Apartmenthäuser, Pflegeeinrichtungen, darunter auch solchen, die für demenzkranke Menschen geeignet sind und ihnen »relatives Wohlbefinden« (Kitwood 2000) ermöglichen. Das ist um so notwendiger, als ihre Zahl auf Grund der höheren Lebenserwartung stetig zunimmt.

Wegweisende Ansätze – zögerliche Umsetzung

Die Erkenntnis, daß über alte Menschen nicht mehr einfach verfügt werden kann, wie das vor noch nicht allzu langer Zeit üblich war, beginnt allmählich auch Organisationen und Institutionen zu erreichen. In den letzten Jahren hat sich vieles verändert, manches durchaus zum Guten. Doch wir befinden uns in einer Zeit des Umbruchs, in der ganz unterschiedliche Auffassungen und gegensätzliche Strömungen nebeneinander existieren: fortschrittliche Konzepte, die Individualität und Wohlbefinden der Menschen ins Zentrum stellen, ebenso wie hoffnungslos veraltete Strukturen, die diesen in keiner Weise gerecht werden. Es gibt unter den Betreuenden sehr gut ausgebildete, motivierte Leute, die bereit sind, sich auf neue Ideen und Erkenntnisse einzulassen, und andere, die in überholten Sichtweisen und festgefahrenen Gepflogenheiten steckengeblieben sind. Auch bei den alten Menschen selber lassen sich große Unterschiede feststellen: Neben den selbstbewußten, vielseitig interessierten, die wissen, was sie wollen, gibt es auch solche, die glauben, das Leben sei vorbei, wenn der bisherige Lebensinhalt – Familie, Partnerschaft, Beruf – fehlt; die eigene Wünsche und Bedürfnisse aufgeben und einfach über sich ergehen lassen, was ihnen geboten wird. Indirekt tragen sie mit dazu bei, verkrustete Strukturen weiter zu zementieren und notwendige Veränderungen zu behindern, weil sie als Vorwand dienen, um alles beim alten zu lassen mit der Begründung, die Menschen wollten ja nichts anderes.

Hinzu kommt, daß eine Entwicklung, die gerade erst begonnen hat, mancherorts schon wieder durch Sparmaßnahmen gebremst wird. Deren grundsätzliche Notwendigkeit soll hier nicht bestritten werden, aber sie setzen häufig an der falschen Stelle an und verfehlen ihren Zweck. Gerade in einer Zeit, in der die Mittel knapp sind, ist es unbedingt notwendig, mit den vorhandenen menschlichen und ökonomischen Ressourcen sorgsam umzugehen und sie *sinnvoll* einzusetzen. Betreuung muß sich heute mehr denn je auf das Wesentliche besinnen. Zermürbende Machtkämpfe, überhebliches Besserwissen und autoritäre Versuche, alten Menschen etwas aufzudrängen, was sie nicht wollen, sind nicht nur eine Zumutung für alle Beteiligten, sondern auch ein unverantwortbarer Verschleiß von Zeit, Energie und Arbeitskraft – und damit von ökonomischen Mitteln – die dann für andere, wichtige Betreuungsaufgaben fehlen. Wohlbefinden und Lebensqualität der alten Menschen erhöht auch die Arbeitszufriedenheit der Betreuenden. Menschen, die sich ernst genommen fühlen und denen im Rahmen ihrer Fähigkeiten Eigenständigkeit und Selbstverantwortung zugestanden wird, sind ausgeglichener, zufriedener, haben weniger Probleme – und das wiederum entlastet die Bezugspersonen. Entspannte, motivierte Mitarbeitende leisten bessere Arbeit, fehlen seltener und sind weniger schnell ausgebrannt. Das hat auch finanziell positive Auswirkungen.

Das Beispiel von Spring Mount beweist, »daß man mit einer guten Pflege weit mehr erreichen kann, als vorher für möglich gehalten wurde« (Morton 2002, S. 187). Bell und McGregor bestreiten kognitive Defizite ihrer Heimbewohner keineswegs. Doch »obwohl anerkannt wird, daß echte Behinderungen bestehen, insbesondere in Bereichen wie Erinnerungsvermögen, Kommunikation und praktischen Fertigkeiten, die durch die Pflegetätigkeit ausgeglichen werden müssen, behalten die Heimbewohner die Kontrolle über ihre soziale Situation und bestimmen selbst, wie sie ihren Tag verbringen wollen. Das Personal mischt sich nicht in die Interaktionen zwischen Heimbewohnern ein, auch wenn sie sich feindselig verhalten, und es übt keinerlei Form von Zwang im Hinblick auf die tägliche Routine, wie zum Beispiel Schlafenszeiten, aus. Die Mitarbeiter werden ermutigt, intensivere zwischenmenschliche Beziehungen zu den Heimbewohnern aufzubauen, deren Verluste anzuerkennen und ihnen zu helfen, sich anzupassen, Neues zu erforschen und sich weiterzuentwickeln« (Morton 2002, S. 186).

Das sind bemerkenswerte Grundsätze, von denen die meisten Institutionen hierzulande leider noch weit entfernt sind. Trotz seiner unbestreitbaren Erfolge hat das Beispiel von Spring Mount noch längst nicht überall Schule gemacht. Alte Zöpfe und verkrustete Strukturen sind erstaunlich zählebig, selbst in Institutionen, die laut ihrem Leitbild etwas ganz anderes vertreten. Daß

Strukturen den Menschen dienen sollen, und nicht umgekehrt, ist eine Binsenweisheit, die oft verkündet, aber selten konsequent verwirklicht wird. Dabei gibt es schon seit geraumer Zeit deutliche Wegweiser in diese Richtung, nicht nur im englischen, sondern auch im deutschen Sprachraum.

Erich Grond hat schon vor mehr als zwanzig Jahren darauf hingewiesen, wie sehr das Ausmaß von Verwirrtheit durch psychosoziale und institutionelle Faktoren beeinflußt wird und welch entscheidende Rolle die Beziehung zu den Pflegenden dabei spielt (Grond 1984).

Der Ansatz, den Tom Kitwood zusammen mit der von ihm geleiteten Bradford Dementia Group entwickelt hat, ist in Großbritannien auf breite Resonanz gestoßen und hat zu beachtlichen Verbesserungen in der Demenzpflege geführt. Dennoch gibt es auch dort noch Institutionen – wenn auch in viel geringerem Ausmaß, als hierzulande, – welche diese Erkenntnisse und Erfahrungen ignorieren und starr einem ausschließlich medizinischen Modell verhaftet bleiben. Immerhin wird Kitwood im deutschsprachigen Raum vermehrt wahrgenommen, seit seine Erkenntnisse auf deutsch publiziert wurden (Kitwood 2000), vor allem seine Evaluationsmethode DMC (Kitwood 1997b) findet »weite Verbreitung und gelegentliche Anwendung« (Müller-Hergl 2003). Hauptsächlich jedoch wird sein Ansatz im Rahmen von Aus- und Fortbildungen vermittelt und dann von Mitarbeitenden, die diese besucht haben, in ihre Institution eingebracht. Doch: »Ohne die geduldige Nachdrücklichkeit einzelner Leitungen und weiterer Personen brechen positive Ansätze, die mit Mühe gewonnen wurden, in erschreckender Geschwindigkeit wieder weg, weil ihnen die Basis fehlt« (Müller-Hergl 2003).

Dasselbe gilt für eine ganze Reihe von innovativen Konzepten, die sich von personzentrierten Grundprinzipien herleiten. »Trotz großer Bekanntheit sind diese Instrumente in der Praxis kaum verankert. Als Mensch mit Demenz in einem personen-zentrierten Pflege- und Betreuungsmilieu Wohnung zu finden ist immer noch ein eher seltenes Glück« (Müller-Hergl 2003).

Dennoch ist es ein wichtiger Schritt, daß diese innovativen Konzepte inzwischen in vielen Aus- und Fortbildungen vertreten und vermittelt werden. So wächst allmählich eine Generation von Betreuenden heran, die sich einer humanistischen Sichtweise von Pflege und Betreuung verpflichtet fühlt. Das wird nicht ohne Einfluß auf die Institutionen bleiben. Punktuell können einzelne Mitarbeitende mit dem, was sie von Fortbildungen mitbringen und in ihre Arbeit einfließen lassen, durchaus gewisse Verbesserungen bewirken, ja manchmal vielleicht sogar in der Institution insgesamt etwas in Bewegung setzen. Doch solche Einzelinitiativen können sich auch negativ auswirken, vor allem wenn sie von der Leitung nicht ausdrücklich unterstützt werden, oder wenn sich andere Mitarbeitende übergangen fühlen und die vorgeschlagenen Neuerungen boykottieren. Eine weitere Gefahr besteht darin, daß die in einzelnen (manchmal sehr kurzen) Workshops oder Kursen erworbenen Kenntnisse keine genügend fundierte Auseinandersetzung mit den vermittelten Inhalten erlauben. Vielfach werden lediglich methodische Aspekte herausgepickt und unreflektiert angewendet, was selten gutgeht, weil auf diese Weise nicht mehr der Mensch im Mittelpunkt steht, sondern die Methode, die zudem – losgelöst von personzentrierten Grundlagen – oft als reine »Technik« mißverstanden wird. Oder besonders eingängige theoretische Überlegungen werden aus dem Zusammenhang gerissen und den Menschen als »Wahrheiten« übergestülpt – ohne sich eingehend damit auseinanderzusetzen, ob diese Überlegungen für *diesen* Menschen und für *diese* Situation wirklich zutreffend sind. Allzuoft wird vergessen, daß theoretische Konstrukte den Sinn haben, andere Menschen zu *verstehen,* nicht sie zu beurteilen.

Theorien sind Verständnishilfen, keine »Wahrheiten«

Es kann nicht nachdrücklich genug daran erinnert werden: Theorien sind *Annäherungen,* um andere Menschen besser zu verstehen, *nicht absolute Wahrheiten,* auf die sich diese festlegen lassen. Entscheidend ist immer *die Person in ihrer Einmaligkeit.* Das darf nie aus den Augen verloren werden, auch wenn es noch so verlockend ist, sich an Theorien festzuhalten, weil es so schwierig ist, nicht eindeutig Faßbares auszuhalten.

Feils ursprünglicher Ansatz, zum Beispiel, war wegweisend. Doch einige ihrer später entwickelten Theorien – wie das Vierphasen-Modell der Demenz und die Behauptung, in deren letztem Stadium beziehe sich alles, was ein Mensch zum Ausdruck bringe, auf die Vergangenheit, sowie von ihr festgelegte Deutungen der Körpersprache – sind nicht über jeden Zweifel erhaben und können nicht einfach unreflektiert übernommen werden. Ian Morton hat eine sehr kompetente und differenzierte kritische Würdigung dieser Ansätze vorgenommen, in der notwendige Fragen gestellt und begründete Einwände geltend gemacht, zugleich aber Feils Verdienste und die wertvollen Impulse, welche die Demenzpflege ihr zu verdanken hat, ausdrücklich gewürdigt werden (Morton 2002). Er hat auch gegen gewisse Überlegungen Kitwoods einiges einzuwenden, ohne damit die immense Bedeutung seiner Erkenntnisse im geringsten zu schmälern (ebd.).

Primär geht es um Menschen, nicht um Methoden

In den letzten Jahren sind einige gute und hilfreiche methodische Ansätze entwickelt worden, die sich hervorragend mit der personzentrierten Haltung vereinbaren lassen. Neben Feil und Kitwood ist noch die von Nicole Richard entwickelte Integrative Validation zu erwähnen, oder auch das Einbeziehen von Photographien, Malen, Musik und Tanz und vieles mehr. Doch Methoden, auch wenn sie noch so gut sind, dürfen nie zum Selbstzweck werden, wie das leider immer wieder geschieht. Allzuoft wird vergessen, daß Methoden *lediglich Hilfsmittel* sind, welche die Umsetzung personzentrierter Grundlagen unterstützen sollen. Es geht nicht darum, eine Methode möglichst häufig anzuwenden, sondern es muß immer gefragt werden, ob sie aus personzentrierter Sicht *in dieser Situation und bei diesem Menschen* angezeigt ist, und wenn ja, in welcher Form. Entscheidend ist *nicht daß*, sondern *wie* mit einer Methode gearbeitet wird.

Beispiel

Auf einer Videokassette ist zu sehen, wie in einem Pflegeheim biographische Methoden angewendet werden.

Die Angehörigen von Frau S. werden gebeten, Photos mitzubringen, die Frau S. im Laufe ihres Lebens gesammelt hat. In einem ausführlichen Gespräch mit ihnen informiert sich die Pflegeperson über die Bedeutung der Photos, wen sie darstellen, wo und wann sie aufgenommen wurden. Dann stellt sie sorgfältig ein Album zusammen, in das sie die Bilder einklebt, von welchen die Angehörigen finden oder sie selber glaubt, daß sie für Frau S. besonders wichtig seien.

Die nächste Sequenz zeigt, wie die Pflegeperson mit Frau S. das Album anschaut. Sie macht Bemerkungen zu gewissen Photos, z. B. »das war Ihre Hochzeit, nicht wahr«, oder stellt Fragen zu Personen und Schauplätzen. Frau S. gibt bereitwillig Auskunft, aber es ist ihr deutlich anzusehen, daß das Angesprochene sie gar nicht besonders interessiert. Was sie hingegen sichtlich genießt, ist die Zuwendung der Pflegeperson. Das Gespräch dreht sich hauptsächlich um das, was diese interessiert, und das ist eigentlich nicht der Sinn der Sache.

An diesem Beispiel läßt sich sehr gut aufzeigen, wie entscheidend die Basis ist, auf der eine Methode angewendet wird, und wie sehr es dabei auf Nuancen ankommt. Die Idee mit dem Photoalbum ist grundsätzlich gut, dabei ist das Album an sich jedoch weniger wichtig als der *Sinn*, den es erfüllen soll: Erinnerungen anzuregen und Frau S. zu ermöglichen – falls sie das will –, andere daran teilnehmen zu lassen. Diesem Sinn würde weit besser entsprochen, wenn die Pflegeperson anstatt viel Zeit mit dem Befragen der Angehörigen und dann für sich allein mit dem Einkleben der Photos zu verbringen das Album *mit Frau S. gemeinsam* zusammenstellen würde. So bekäme Frau S. in vermehrtem Maß, was sie sichtlich am meisten geschätzt hat: Zeit und Zuwendung der Pflegeperson. Und sie würde *wirklich* ernst genommen, wenn ihr Erinnerungsalbum *nicht für sie,* sondern *mit ihr* zusammengestellt würde. Schließlich ist *sie* die Expertin für ihre Erinnerungen, nicht die Pflegeperson und auch nicht die Angehörigen. Vielleicht würden ganz andere Photos als die, von denen Außenstehende es erwarten, bei Frau S. Erinnerungen wachrufen. Es macht nichts, wenn das Album dann vielleicht etwas weniger geordnet und vollständig herauskommt, entscheidend ist, daß es Erinnerungen widerspiegelt, die für Frau S. *jetzt* von Bedeutung sind. Und noch ein wichtiger Aspekt angesichts der verbreiteten Klage, Betreuende hätten immer weniger Zeit für die Menschen selber: Die Pflegeperson würde auf diese Weise sparsamer mit ihrer Zeit und Energie umgehen und sie zugleich sinnvoller einsetzen.

Es genügt nicht, Methoden anzuwenden, nur weil sie gut sind. Sie müssen eingebettet sein in die personzentrierten Grundlagen. Dabei spielt der Stellenwert, den diese in der Institution haben, eine wichtige Rolle.

Verankerung einer personzentrierten Kultur

Wünschbar ist meines Erachtens nicht nur eine »neue Kultur der Demenzpflege« (Kitwood 2004, S. 193–196), sondern in einem viel umfassenderen Sinn eine *neue Kultur des Umgangs mit dem Altern und mit alten Menschen*. Die personzentrierten Grundlagen sind ein gutes Fundament dafür. Konsequent im Sinne der beschriebenen Grundsätze und Konzepte zu arbeiten, läßt sich am besten im Rahmen einer *personzentrierten Kultur* verwirklichen, die *in der gesamten Institution* verankert ist, das heißt wenn alle Mitarbeitenden, auch Geschäftsleitung und Führungskräfte der verschiedenen Stufen und Bereiche, nach denselben Grundsätzen arbeiten.

Ein von der Leitung klar vertretenes und für alle gleichermaßen verbindliches Konzept ermöglicht Orientierung und Kontinuität und gibt den Mitarbeitenden den Rahmen, in dem sie ihre individuellen Fähigkeiten und Ressourcen einsetzen können. Wenn eine Institution ihre Arbeit konsequent auf den beschriebenen personzentrierten Grundlagen aufbaut und alle Mitarbeitenden sich an diesem Leitfaden orientieren, wird sich mit der Zeit eine personzentrierte Kultur entwickeln. Dann fallen innovative Impulse, die Mitarbeitende aus Fortbildungen mitbringen, auf fruchtbaren Boden und können leicht integriert werden, sofern sie nicht im Gegensatz zu dieser Kultur stehen. Kontraproduktive Experimente, die unnötig viel Energie und »Goodwill« sowohl der Betreuenden wie der alten Menschen verschleißen, werden so vermieden.

Die sieben Grundsätze (vgl. S. 56) sowie die Richtlinien für den Alltag (vgl. S. 81) bilden ein Gerüst, das

- den Mitarbeitenden klare Orientierungshilfen gibt, wie sie die personzentrierte Haltung im Arbeitsalltag umsetzen können,
- Stellenbewerber genau informiert, was von ihnen erwartet wird, so daß sie entscheiden können, ob sie sich darauf einlassen und die Stelle antreten wollen oder nicht,
- den alten Menschen eine kontinuierliche Qualität der Betreuung gewährleistet, welche sie von allen Mitarbeitenden gleichermaßen erwarten können,
- den Verantwortlichen ermöglicht, sinnvolle Qualitätskriterien aufzustellen.

Doch so wünschbar die allumfassende Verankerung einer personzentrierten Kultur in den Einrichtungen ist, sie wird sich kaum überall schnell verwirklichen lassen. Deshalb stellt sich die Frage:

Sind auch Teillösungen sinnvoll?

Vor allem in großen Organisationen, in denen umfassende Veränderungen schwieriger zu verwirklichen sind als in kleineren Einrichtungen, ist es nicht immer möglich, ein neues Konzept von Anfang an gesamtheitlich einzuführen. Dann kann durchaus zunächst einmal in einer kleineren organisatorischen Einheit – zum Beispiel einer bestimmten Abteilung – begonnen werden, mit dem personzentrierten Konzept zu arbeiten. Die dabei gesammelten Erfahrungen machen es später leichter, weitere Bereiche der Einrichtung einzubeziehen.

Doch ob gesamtheitlich oder vorerst nur in bestimmten Teilbereichen auf personzentrierter Grundlage gearbeitet wird: ausschlaggebend ist in jedem Fall, daß die Mitarbeitenden auf die Unterstützung durch die Leitung zählen können und daß das Konzept sorgfältig eingeführt wird. In »Ernstnehmen, Zutrauen, Verstehen« finden sich ausführlichere Überlegungen zu Führungsfragen im Rahmen der personzentrierten Arbeitsweise, sowie die Beschreibung von zwei unterschiedlichen Vorgehensweisen bei der Einführung des Konzeptes in zwei Einrichtungen für Menschen mit geistiger Behinderung (Pörtner 2004, S.120–147). Eine entscheidende Rolle spielen

Strukturen, die nicht behindern, sondern unterstützen

Struktur und Philosophie einer Einrichtung dürfen nicht auseinanderklaffen. Strukturen sind nicht um ihrer selbst willen da, sie müssen dem Sinn und Zweck der Einrichtung dienen, die Verwirklichung der im Leitbild verankerten Grundsätze unterstützen und ein gutes Arbeitsklima ermöglichen. Natürlich haben Strukturen auch den Sinn, betriebliche Abläufe zu optimieren – aber im Rahmen der Kernaufgaben der betreffenden Institution, nicht als Selbstzweck.

Beispiel

Das – im übrigen sehr komfortable – Gästehaus eines Tagungszentrums verlangt von den Gästen, daß sie am Abreisetag vor dem Frühstück das Zimmer räumen. Und wo sollen sie sich nach dem Frühstück die Zähne putzen? (Was, wie jedes Kind weiß, wichtig ist, um Karies zu verhüten!) Es ist zwar nachvollziehbar, daß die Zimmer möglichst schnell wieder für neue Gäste zurechtgemacht werden müssen, doch sie stehen diesen ohnehin erst ab 16 Uhr zur Verfügung. Die meisten abreisenden Gäste besuchen noch eine der um 9 Uhr beginnenden Veranstaltungen im Tagungszentrum. Es würde also völlig ausreichen, wenn sie dann die Schlüssel abgeben würden, so daß das Zimmer nach dem Frühstück noch einmal kurz benutzt werden könnte. Sowieso können nicht alle Zimmer gleichzeitig gemacht werden, und einige werden immer bereits früher frei. Doch der zuständige Verwalter findet: »Das geht nicht, die Zimmer müssen der Reihe nach gemacht werden.«

Das ist ein banales, aber sehr anschauliches Beispiel dafür, wie Strukturen ihren Sinn und Zweck völlig verfehlen können. Diese Regelung ist nichts anderes als eine schikanöse Bevormundung der Gäste, für die ein Gästehaus doch eigentlich da sein sollte. Wie mag es wohl in den Heimen aussehen, die von derselben Organisation betrieben werden, wenn schon im Gästehaus die Bedürfnisse der Menschen zugunsten eines bequemeren Betriebsablaufes rücksichtslos mißachtet werden?

Selbstverständlich muß für einen möglichst reibungslosen Betriebsablauf gesorgt werden, aber im Sinne der Aufgabe, welche eine Einrichtung zu erfüllen hat. Das ist leider nicht immer so. Die bereits erwähnte Unsitte, daß die Bewohner das Abendessen schon um 17 Uhr und dann bis zum Frühstück nichts mehr bekommen, ist in Heimen immer noch weit verbreitet, obschon längst bekannt ist, daß Unterzuckerung bei alten Menschen zu Verwirrtheitszuständen führt (vgl. S. 68). Das zu berücksichtigen läge durchaus im Interesse der Einrichtung selber. »Ein Altenheim, das nach dieser Erkenntnis allen Bewohnern einen Spät- und Frühimbiß reichte, hatte nach einem halben Jahr am Morgen etwa 1/4 weniger Verwirrte!« (Grond [1984] 1992, S. 78). Mit etwas gutem Willen und geschickter Organisation lassen sich leicht solche Lösungen finden und verwirklichen.

Angesichts der Vielfalt unterschiedlicher Bedürfnisse sind *bewegliche Strukturen* erforderlich, auch was Schlafens- und Essenszeiten betrifft; Strukturen, die individuelle Lösungen ermöglichen und je nach Situation unterschiedlich gehandhabt werden können. Selbstverständlich muss es als Grundlage einen festen Rahmen im Tagesablauf geben, der die zeitliche Orientierung erleichtert und auf den sich diejenigen verlassen können, für die Regelmäßigkeit wichtig ist. Aber es muß ein *Rahmen* bleiben, der *Spielraum* offen läßt, individuell unterschiedlich genutzt werden kann und Abweichungen erlaubt. Wenn jemand nachts lange wach liegt und dafür den Vormittag verschlafen möchte, muß das möglich sein. Für alte Menschen ist es besonders wichtig, auf den Rhythmus ihres Körpers Rücksicht zu nehmen, um ihre Gesundheit und ihre Kräfte zu schonen. Das darf in Institutionen nicht durch starre Regelungen verhindert, sondern sollte im Gegenteil durch flexible Strukturen unterstützt werden. Mit den technischen Hilfsmitteln, die heute zur Verfügung stehen, und etwas Organisationstalent sollte das wirklich kein Problem sein. Es sind festgefahrene Vorstellungen und Gewohnheiten, die solche Lösungen behindern. Daß es auch anders – und besser – geht, belegen die Erfahrungen in Spring Mount auf eindrückliche Weise.

Etwas ist jedoch ganz entscheidend, sowohl für die Befindlichkeit der einzelnen Menschen wie auch für die gesamte zukünftige Entwicklung:

Die Einstellung zum Alter

Wohlbefinden und Zufriedenheit im Alter hängen nicht allein von äußeren Umständen ab, sondern auch von der Einstellung der Menschen selber.

Beispiel

Im Park begegne ich der 85-jährigen Frau C. die ich längere Zeit nicht mehr gesehen hatte und die lange krank war. Auf meine Frage, wie es ihr jetzt gehe, antwortet sie: »Sehr gut – ich genieße das Leben.« Frau C. war früher Musikerin und hat vor einigen Jahren das Geige spielen ganz aufgeben müssen, weil sie nicht mehr gut hört. Überhaupt habe sie ihre Aktivitäten sehr einschränken müssen, weil sie viel Schlaf brauche und alles viel langsamer gehe. Die Zeit reiche fast nur noch für den Haushalt, den sie immer noch selber besorgt. Sie lebt allein mit ihrer Katze und ist mit ihrem Leben, so wie es jetzt ist, sehr zufrieden. »Das Leben beginnt mit achtzig«, erklärt sie lachend.

Ganz anders die 79-jährige Frau A., deren Mann vor einigen Jahren im hohen Alter von 93 Jahren gestorben ist. Sie hadert noch heute mit dem Schicksal, so als sei ihr ein Unrecht geschehen. Obwohl sie gesund und sehr unternehmungslustig ist, kann sie sich an nichts richtig freuen, weil sie ständig vergleicht und findet, früher, als ihr Mann noch gelebt habe, sei alles viel schöner gewesen.

Das sind sehr unterschiedliche Einstellungen gegenüber den Veränderungen, die das Leben so mit sich bringt, und sie haben großen Einfluß darauf, wie jemand sich fühlt. Viele alte Menschen haben selber eine negative Einstellung zum Altern und seinen Begleiterscheinungen und beeinträchtigen dadurch zusätzlich ihr Wohlbefinden. Es ist jedoch nicht Sache der Betreuenden, das zu korrigieren oder zu tadeln. Wichtig ist, daß sie selber eine andere Einstellung vertreten und durch ihr Verhalten spürbar werden lassen. Das kann auch dem einen oder anderen Menschen, den sie betreuen, zu einer anderen Einstellung verhelfen. Es stärkt das Selbstwertgefühl alter Menschen, wenn ihnen Achtung und Wertschätzung entgegengebracht wird, und ein besseres Selbstwertgefühl hilft ihnen, sich selbst und ihre altersbedingten Veränderungen weniger negativ zu sehen.

Die Einstellung der Menschen beeinflußt nicht nur ihre eigene Befindlichkeit. Wie eine Gesellschaft insgesamt zum Alter eingestellt ist, findet seinen Niederschlag auch in der Art und Weise, wie alte Menschen betreut, und in den Lebensbedingungen, die ihnen geboten werden. Das wiederum wirkt sich auf ihre Befindlichkeit aus. Es ist ein Kreislauf, den jeder einzelne – also auch jeder Betreuende und jede Betroffene – durch die eigene Einstellung mit beeinflußt.

»Besorgnis erregend ist nicht die Tatsache der Alterung, sondern der Umgang mit ihr«, findet Peter Gross, Professor für Soziologie an der Universität St. Gallen (Gross 2004). Da zeichnet sich ganz allmählich ein Wandel ab. Die Erfahrung älterer Menschen ist wieder vermehrt gefragt. Nicht selten werden Mitarbeitende, die vor wenigen Jahren zur Frühpensionierung mehr oder weniger gezwungen wurden, von ihren ehemaligen Arbeitgebern im Rahmen beratender Funktionen zurückgeholt. Und es sind bereits Stimmen zu vernehmen, die in der zunehmenden Überalterung der Gesellschaft und im Geburtenrückgang nicht nur Nachteile, sondern auch Chancen ausmachen. Thomas Straubhaar, Professor für Volkswirtschaft an der Universität Hamburg, findet: »Das ist toll, wenn wir weniger sind, dann haben wir mehr Platz« (Interview im Südwestfernsehen, 18.11.2004). Und in der Tat, kleinere Schulklassen, weniger überfüllte Hörsäle, weniger verstopfte Straßen – das sind keine schlechten Aussichten, zumal mehr Platz auch mehr Zeit bedeutet: mehr Zeit der Lehrer für die Schüler, der Professorinnen für die Studentinnen, weniger Verkehrsstaus, weniger Wartezeiten usw. Für Peter Gross haben die alternden westlichen Gesellschaften gegenüber anderen Kulturkreisen mit einer jüngeren Bevölkerungsstruktur überdies die wichtige Aufgabe, »der jungen offensiven Bevölkerungsentwicklung die Werte einer alten Kultur« gegenüberzustellen, die »Festigkeit vermitteln, Gelassenheit, Ruhe« (Gespräch mit J. O., St. Galler Tagblatt, 25.2.2004). Ganz langsam wächst die Erkenntnis, daß Wachstum nicht das einzig Erstrebenswerte, nicht die Lösung aller Probleme sein kann.

Doch das hat Konsequenzen. Ein Umdenken ist nötig, wenn die Gesellschaft nicht zu ihrem Nachteil, sondern zu ihrem Vorteil altern und schrumpfen soll. Alter kann auf die Dauer »nicht nur eine ständig länger werdende Phase später Freiheit und Freizeit, sondern bis zu einem gewissen Grad eben auch Arbeit« bedeuten (crz, NZZ vom 24.12.2004). Frühpensionierungen werden drastisch abnehmen und die Verlängerung der Lebensarbeitzeit kein Tabu bleiben. Das wird allerdings flexible Arbeitszeitkonzepte erfordern, welche auf die spezifischen Voraussetzungen älterer Menschen zugeschnitten sind: »physische Leistungsfähigkeit nimmt ab, Erfahrung nimmt zu, (soziale) Kompetenzen nehmen zu« (Straubhaar 1993). Gewisse altersbedingte Einschränkungen wie Vergeßlichkeit, Langsamkeit etc. dürfen nicht grundsätzlich mit Unfähigkeit gleichgesetzt, sondern müssen berücksichtigt werden. Mit geeigneten organisatorischen und technischen Hilfsmitteln lassen sie sich bis zu einem gewissen Grad recht gut kompensieren. Wir brauchen eine »neue Kultur des Alterns, um die Kompetenzen älterer Menschen besser zu nutzen«, fordert Peter Gross (Interview im Tages-Anzeiger, Zürich, 15.04.2004). Doch er gibt auch zu bedenken: »Allerdings müssen branchenspezifische Lösungen erarbeitet werden« (Gross 2004). Es ist in der Tat ein großer Unterschied, ob jemand eine Tätigkeit am Schreibtisch ausübt, die ihm Spaß macht, oder Schwerstarbeit auf dem Bau verrichten muss. Deshalb müssen unterschiedliche Lösungen gefunden werden und individuelle Entscheidungen nach wie vor möglich sein. Es ist sogar denkbar, daß auch Menschen, die in irgendeiner Form Betreuung brauchen, dennoch weiterhin gewisse Tätigkeiten ausüben könnten, selbst wenn sie im Altersheim leben. Manchen Bewohnern würde das vielleicht mehr Spaß machen, als nur »beschäftigt« oder »unterhalten« zu werden. Es müßte allerdings eine Tätigkeit sein, zu der sie Lust haben, die sie interessiert und die ihnen sinnvoll erscheint. Auch sollte das weder ein Zwang noch die Norm sein, sondern eine von verschiedenen Optionen.

Wie sich eine solche Entwicklung für demenzkranke Menschen auswirken würde, ist schwer vorauszusagen. Würden sie noch mehr ins Abseits gedrängt? Oder könnte im Gegenteil eine neue Kultur des Alterns auch ihnen zugute kommen und vielleicht sogar zum Rückgang von Erkrankungen beitragen, weil alte Menschen ihre Ressourcen länger und sinnvoller in der Gesellschaft einsetzen könnten und sich stärker zugehörig fühlen würden? Beides ist denkbar. Doch es muß alles getan werden, damit nicht eine Zweiklassen-Gesellschaft des Alters etabliert und die Kluft immer größer wird zwischen »jungen Alten«, die man noch brauchen kann, und solchen, die mehr oder weniger abgeschrieben werden. Wenn nach den Erkenntnissen und Erfahrungen gehandelt wird, die in den letzten Jahren auf diesem Gebiet gemacht wurden, muß Demenz nicht zwangsläufig zum Zerfall der Persönlichkeit führen. Mit geeigneter Betreuung kann den betroffenen Menschen trotz ihrer Beeinträchtigungen ein durchaus lebenswertes Leben in »relativem Wohlbefinden« (Kitwood & Bredin 1992) ermöglicht werden. Und nicht zu vergessen: Ein und derselbe Mensch kann mit 70 noch leistungsfähig sein und mit 80 an Demenz erkranken – und wenn er sich dadurch noch so verändert und noch so sehr eingeschränkt wird, bleibt er doch im Kern die Person, die er war, und muß als diese ernst genommen werden.

Daß Menschen sich in hohem Alter sehr stark verändern können, ist nicht zu bestreiten. Bei Demenzkranken sind die Veränderungen oft so einschneidend, daß sie denen, die sie gekannt haben, fremd werden, und es schwer wird, den Zugang zu ihnen zu finden. Daraus zu schließen, sie würden nichts mehr empfinden und keine Personen mehr sein, ist ein Irrtum und ethisch nicht vertretbar.

Ob und wie Menschen sich verändern werden, können weder sie selbst noch andere im voraus wissen.

Beispiel

Frau J. und ihre Freundin, Frau E. diskutieren über Pflegeheime. Frau J. meint, das Schlimmste für sie wäre, das Zimmer mit jemand anderem teilen zu müssen. Frau E., die in einem Altenheim arbeitet, widerspricht: »Wenn du mal dement bist, macht Dir das alles nichts mehr aus.« Frau J. bestreitet das energisch: »Meine Empfindungen bleiben doch die gleichen!«

In gewisser Weise haben beide recht, denn die Erfahrung zeigt, daß Menschen sich tatsächlich soweit verändern können, daß sie plötzlich das Gegenteil mögen von dem, was sie ein Leben lang gemocht hatten, oder – noch häufiger – gleichgültig werden gegenüber Dingen, die ihnen früher zuwider oder wichtig waren. Doch andere empfinden weiterhin genau so wie zuvor in ihrem Leben, haben weiterhin die gleichen Vorlieben und Abneigungen, hören lieber klassische Musik als Schlager – oder umgekehrt. Wir sollten uns nicht darauf versteifen, daß es für uns immer so bleiben wird wie jetzt, sondern auch selber offen dafür sein, daß Entwicklung ein lebenslanger Prozeß ist und wir nicht wissen, wohin sie uns führt. Ebenso offen müssen Betreuende für die Empfindungen demenzkranker Menschen bleiben und nicht meinen, sie wüßten aus Erfahrung, wie es für sie ist. Es ist bei jedem Menschen anders, und auch wenn jemand sich nicht mehr dazu äußern kann, gibt es Zeichen, daß etwas als angenehm oder als unangenehm empfunden wird. Ein Verziehen des Mundes, ein Blinzeln, der Anflug eines Lächelns, verspannte Gesichtszüge, ein tiefes Atemholen – das alles sind Hinweise auf die Befindlichkeit. Darum ist es wichtig, daß Betreuende die »Sprache« des anderen

Menschen finden und niemals annehmen, Menschen würden nichts mehr empfinden, wenn sie sich nicht mehr so ausdrücken, wie wir es gewohnt sind.

Die Einstellung jedes einzelnen zu seinem Altern, zu alten Menschen und zu altersbedingten Beeinträchtigungen und Erkrankungen entscheidet mit über die Art der Betreuung und die Lebensbedingungen, welche alten und demenzkranken Menschen in Zukunft geboten werden – und damit auch über das eigene Wohlbefinden im Alter.

9 Alt sein ist anders – auch für Menschen mit geistiger Behinderung

So manche Erfahrungen und Erkenntnisse aus meiner Arbeit für und mit Menschen mit geistiger Behinderung haben sich auch in anderem Zusammenhang als hilfreich erwiesen und sind in dieses Buch eingeflossen. Umgekehrt haben viele der hier entwickelten Überlegungen genauso Gültigkeit für die Betreuung von Menschen mit geistiger Behinderung. Deshalb sollen einige Gedanken zu *ihrem* Altwerden den Kreis schließen.

Die demographische Entwicklung bekommen auch Einrichtungen für Menschen mit geistiger Behinderung zu spüren, denn deren Lebenserwartung ist markant gestiegen. Zahlreiche Heime sind im Zuge der Entpsychiatrisierung, vor etwa dreißig bis vierzig Jahren, gegründet worden und haben den Menschen, die damals und seither aufgenommen wurden, einen Platz auf Lebenszeit zugesichert. Viele Bewohnerinnen sind inzwischen in die Jahre gekommen, und die Strukturen, in denen sie bisher gelebt haben, passen nicht mehr so recht für sie. Mancherorts wurden deshalb spezielle Alterswohngruppen eingerichtet. Doch das ist noch lange nicht überall der Fall.

Alten Menschen mit geistiger Behinderung müssen geeignete Wohn- und Lebensformen zur Verfügung gestellt werden, die den Bedürfnissen in dieser Lebensphase entsprechen. Speziell für sie zusammengestellte Wohngruppen reichen allein nicht aus, sondern sind lediglich *eine* mögliche Option. Es bedarf weiterer Angebote, die dem Wunsch nach Ruhe und individueller Lebensgestaltung vermehrt entgegenkommen und es denen, die es möchten, ermöglichen, mehr für sich zu leben und über ihren Tagesablauf und ihre Zeiteinteilung selber zu entscheiden.

Beispiel

In den Mariaberger Heimen (Landkreis Sigmaringen, D) leben seit kurzem 32 Menschen mit geistiger Behinderung, darunter auch ältere, in Ein-, Zwei- und Dreizimmerwohnungen auf dem Gelände der Einrichtung (die Häuser wurden früher von Mitarbeitenden bewohnt). Sie können ihren Alltag weitgehend selbständig gestalten, doch es stehen zu gewissen Zeiten Betreuende zur Verfügung, an die sich wenden können, wenn sie sie brauchen. Sie können selber kochen, oder auch die Gemeinschaftsverpflegung in Anspruch nehmen. Für diejenigen, die noch arbeiten, ist der Weg zu den Werkstätten nicht weit.

Das ist ein Ansatz, der in die Zukunft weist und meine These bestätigt, daß innovative, mehr Freiheit und Selbstverantwortung zulassende Wohnformen sich durchaus auch im Rahmen großer Einrichtungen verwirklichen lassen (Pörtner [2003] 2007, S. 74–79). Der Vorteil einer solchen Lösung ist, daß die Menschen in ihrer vertrauten Umgebung bleiben und mit anderen, die sie schon lange kennen, weiterhin Kontakt halten können. Die Gefahr der Vereinsamung ist weniger groß als in einem »normalen« Wohnblock, wo behinderte Menschen nicht immer so gut integriert sind, wie es wünschenswert und in den entsprechenden Konzepten eigentlich vorgesehen wäre. Zudem können sie, wenn sie sich überfordert fühlen, jederzeit auf die Einrichtung zurückgreifen, sich Rat und Unterstützung holen, und deren Dienstleistungen in Anspruch nehmen. Solche flexiblen Lösungen sind ideal, besonders auch für alte Menschen, die nicht mehr in einer Wohngruppe mit so vielen anderen zusammen leben, aber nicht noch einmal in eine ganz neue Umgebung verpflanzt werden möchten.

Lösungen wie diese sind – noch – eine Seltenheit. Viele alte Menschen leben nach wie vor in Gruppen mit sehr viel jüngeren zusammen, die ganz andere Bedürfnisse und Interessen haben. Das birgt einigen Konfliktstoff. Sehr oft kommen die älteren zu kurz, weil die jüngeren sich besser durchsetzen können, auf der anderen Seite können die alten gegenüber den jungen sehr intolerant und tyrannisch sein. Da müssen Betreuende gegensteuern, ausgleichend wirken, nach beiden Seiten hin Toleranz vorleben. Das fällt den meisten gegenüber den jüngeren naturgemäß leichter, weil sie ihnen näher sind.

Beispiel

Frau F. kommt bei Tisch nie zu Wort. Sie hat Mühe mit dem Sprechen und braucht etwas Zeit, bis sie die Worte hervorbringt. Alle anderen sind wesentlich jünger und unterhalten sich laut und eifrig miteinander, ohne Frau F. zu beachten. Sie können ohnehin nicht viel anfangen mit dem, was Frau F. zu sagen hat. Das ist für sie unverständlicher »alter Kram«, weit weg von ihrem Erlebenshorizont. Frau F. fühlt sich abgelehnt und verletzt. Sie zieht sich immer mehr zurück, hegt zunehmend Groll gegenüber den anderen und begegnet ihnen unwirsch. Ihre Verhaltensauffälligkeiten nehmen zu.

Hier müssen die Betreuenden vermittelnd eingreifen, dafür sorgen, daß Frau F. auch zu Wort kommt, mit gutem Beispiel vorangehen, indem sie Interesse zeigen für das, was sie zu berichten hat. Genau wie andere auch leiden Menschen mit geistiger Behinderung darunter, wenn niemand sich dafür interessiert, wie sie denken, fühlen und erleben. Deshalb ist es so wichtig, daß Betreuende grundsätzlich ernst nehmen, was ein Mensch zum Ausdruck bringt. Sie dürfen keinesfalls, weil jemand geistig behindert ist, voreilig als verrückt oder erfunden abtun, was ihnen unbekannt ist und unwahrscheinlich vorkommt.

Beispiel

Herr N., der in der rechtsrheinischen Grenzstadt Schaffhausen aufgewachsen ist, erzählt immer wieder von der Bombardierung der Stadt im Zweiten Weltkrieg, die er als Kind miterlebt hat.

Da die Schweiz nicht am Krieg beteiligt war, glaubt ihm das niemand. Die Betreuenden reagieren mit: »Das hast Du nur geträumt«, »Das kann gar nicht sein«, »Das glaubst Du ja selber nicht.« Das Ereignis, das tatsächlich stattgefunden hat – es handelte sich um einen Irrtum der amerikanischen Piloten, die glaubten, der Rhein bilde auch hier die Staatsgrenze – ist inzwischen in Vergessenheit geraten und von den Jüngeren weiß niemand mehr etwas davon. Für alle ist klar, daß Herr N. »spinnt«. Herr N. regt sich sehr auf, es kommt zu heftigen Streitereien deswegen. Eines Tages schildert er dem (fast gleichaltrigen) Therapeuten, wie sehr es ihn kränkt, daß die jungen Leute ihm nicht glauben und ihn nicht ernst nehmen. Welche Erleichterung und Genugtuung, als der Therapeut ihm bestätigt, daß er sich noch gut an dieses Ereignis erinnern kann, das in seiner Kindheit viel Aufsehen erregt hatte.

Auch bei Menschen mit geistiger Behinderung verändern sich mit dem Älterwerden die Bedürfnisse. Manche sind froh, wenn sich am gewohnten Tagesablauf nichts ändert. Doch viele behinderte Menschen haben im Alter das Bedürfnis, nach ihrem eigenen Rhythmus zu leben, brauchen mehr Zeit für sich und möchten es ruhiger nehmen können. Darauf haben sie, wie andere alte Menschen auch, ein Recht, dem keine starren Strukturen im Wege stehen dürfen. Vielmehr müssen sinnvolle, individuelle Lösungen gefunden werden.

Beispiel

Die 68-jährige Frau S. wohnt im Rahmen des betreuten Wohnens mit einer Freundin zusammen. Die etwas ältere Freundin ist den ganzen Tag zu Hause, während Frau S. noch eine Tagesgruppe besucht, wo sie mit Ton arbeiten kann, was sie sehr gerne tut. Doch am Morgen sitzen die beiden Frauen sehr lange beim Frühstück, sie schwatzen gemütlich, und die Freundin läßt Frau S. lange nicht gehen. Regelmäßig kommt sie zu spät zur

Tagesstätte. Das ärgert die anderen. »Warum kommt die immer zu spät und bekommt das gleiche Geld wie wir?«, fragen sie und empfangen Frau S. jeden Morgen mit Vorwürfen. Die Stimmung ist sehr gereizt, und das Team im Zwiespalt. An sich macht es nichts, wenn Frau S. erst später kommt, andererseits ist es verständlich, daß die anderen das ungerecht finden. Sie überlegen verschiedene Möglichkeiten. Das Geld kürzen kommt nicht in Frage, denn es handelt sich ohnehin nur um ein bescheidenes Taschengeld. Dann kommt die rettende Idee: Wie ist es denn bei nicht behinderten 68-jährigen? Die sind in Rente und müssen nicht mehr arbeiten. Frau S. wird zur Rentnerin erklärt, die freiwillig noch zum Töpfern in die Tagesstätte kommt und deshalb auch nicht zu einer bestimmten Zeit da sein muß. Das sehen die behinderten Frauen und Männer ein. Herr L., ebenfall im Rentenalter, stellt fest, dass er das ja auch so machen könnte, aber nicht will. Die anderen sind alle jünger, also keine Rentner, sondern Arbeitende. Daß die pünktlich zur Arbeit kommen müssen, leuchtet ein. Nachdem das geklärt ist, verbessert sich die Stimmung schlagartig. Frau S. wird nicht mehr mit Vorwürfen, sondern freundlich begrüßt, wenn sie im Laufe des Vormittags eintrudelt – und siehe da, manchmal kommt sie jetzt sogar etwas früher.

Genau das ist mit dem Prinzip »von der Normalsituation ausgehen« (Pörtner [1996] 2004, S. 55–57) gemeint. Es geht gewiß nicht darum, Menschen mit geistiger Behinderung auf Biegen und Brechen an das anzupassen, was wir als Normalität ansehen, oder Anforderungen an sie zu stellen, die sie nicht erfüllen können. Doch es kann außerordentlich hilfreich sein, sich hin und wieder zu fragen: Wie sieht dieselbe Situation für einen nichtbehinderten Menschen aus? Von dieser »Normalsituation« ausgehend läßt sich meist viel einfacher eine sinnvolle, den individuellen Einschränkungen und Möglichkeiten des betreffenden Menschen angepaßte Lösung finden.

Doch es genügt nicht, Menschen mit geistiger Behinderung passende Wohn- und Lebensformen zur Verfügung zu stellen, wenn sie alt sind. Sie müssen schon früher in ihrem Älterwerden unterstützend begleitet werden, damit sie die Veränderungen, die sie an sich erleben, besser einordnen und akzeptieren können. Zusammen mit den Betroffenen kann auf diese Weise eine spätere Veränderung der Wohnsituation behutsam vorbereitet und die individuell beste Lösung dafür gesucht werden.

Das Thema brennt vielen Betreuenden unter den Nägeln. Sie merken, daß ihre gewohnte Arbeitsweise den älteren Bewohnern zu wenig gerecht wird, fühlen sich verunsichert und überfordert. Da die meisten von ihnen selber zur jüngeren Generation gehören, liegen ihnen deren Bedürfnisse naturgemäß näher als die der älteren Bewohnerinnen. Die Schwierigkeit, andere in einer Lebensphase zu begleiten, die sie nicht aus eigener Erfahrung kennen (vgl. S. 97) stellt sich Betreuenden von geistig behinderten Menschen noch ausgeprägter, denn was sie in ihrer sozial- oder heilpädagogischen Ausbildung gelernt haben, ist in der Regel auf jüngere Menschen zugeschnitten. Besonders Konzepte, die sehr stark auf das Festlegen und Erreichen von Förderzielen ausgerichtet sind – wogegen ohnehin einiges einzuwenden ist (Hähner, Niehoff, Sack & Walther 1998; Pörtner 1996, 2003) – eignen sich überhaupt nicht für ältere Menschen. Außerdem ist es für Betreuende oft schwer zu unterscheiden, ob Beeinträchtigungen mit der ursprünglichen Behinderung oder mit Alterserscheinungen zu tun haben, zumal der Zeitpunkt, wann diese einsetzen, individuell sehr unterschiedlich ist und bei Menschen mit geistiger Behinderung tendenziell eher etwas früher liegt. Nicht selten wird es älteren Bewohnern als Nachlässigkeit ausgelegt, wenn sie schon wieder etwas vergessen haben; sie werden getadelt ohne zu berücksichtigen, daß die Vergeßlichkeit im Alter eben zunimmt – auch bei »nicht behinderten« Menschen.

Die Veränderungen, die das Alter mit sich bringt, und die Themen, welche die späten Lebensjahre prägen, sind für Menschen mit geistiger Behinderung ebenso bedeutsam wie für andere Menschen auch. Der näher kommende Tod ist auch für sie eine Tatsache, die viele von ihnen sehr beschäftigt, selbst wenn es vielleicht nicht so direkt zum Ausdruck kommt. Sie müssen genau wie andere Menschen mit altersbedingten körperlichen und geistigen Veränderungen zurechtkommen, wobei ein »behindertes Selbstkonzept« (Pörtner [2003] 2007, S. 49–52) es noch schwerer macht, diese gelassen hinzunehmen. Vielen macht das Nachlassen ihrer ohnehin eingeschränkten Fähigkeiten Angst, sie erleben es als Versagen und einmal mehr als Bestätigung des Stigmas »ich bin behindert«. Das Gefühl der Unfähigkeit und Minderwertigkeit, an dem so viele Menschen mit geistiger Behinderung leiden, wird noch verstärkt. Dem kann – und muß – sinnvolle Begleitung entgegenwirken und es den Menschen leichter machen, altersbedingte Beeinträchtigungen als etwas hinzunehmen, das zum Leben gehört. Die Betreuenden müssen ihnen behilflich sein herauszufinden, ob und wie sie verlorene Fähigkeiten kompensieren können, und ihnen, wo das nicht möglich ist, die notwendigen Stützen zu deren Überbrückung zur Verfügung stellen.

Wie Menschen sich mit ihrem Altwerden zurechtfinden, wird entscheidend davon beeinflußt, was sie bisher in ihrem Leben erlebt haben und wie mit ihnen umgegangen wurde. In einer Einrichtung, in der auf der Grundlage von »Ernstnehmen, Zutrauen, Verstehen« (Pörtner [1996] 2004) gearbeitet wird, in der sich eine personzentrierte Kultur entwickelt hat, in der die Menschen – nicht erst im Alter – Wahlmöglichkeiten haben, Selbstverantwortung übernehmen können und psychisch begleitet werden, sind die Voraussetzungen für ein Altern in »relativem Wohlbefinden« sehr viel besser. Mit anderen Worten: wie jüngere Menschen mit geistiger Behinderung jetzt betreut werden, hat direkte Auswirkungen darauf, wie sie sich später mit ihrem Altsein zurechtfinden werden. Betreuende, die personzentriert arbeiten, die Menschen mit geistiger Behinderung in ihrer Individualität respektieren und unterstützen, die offen sind für das »andere« im anderen Menschen, sind gut gerüstet, um ihnen, wenn sie alt geworden sind, weiterhin gerecht werden zu können. Darüber hinaus werden sie sensibilisiert für das »andere«, das mit ihrem eigenen Altwerden auf sie zukommen wird, und können ihm dadurch vielleicht offener und zuversichtlicher entgegensehen.

Literatur

Ansermet, F. & Magistretti, P. (2004): À chacun son cerveau. Plasticité neuronale et inconscient. Paris, Odile Jacob.

Aserinsky, E. & Kleitman, N. (1953): Regularly occurring periods of eye motility, and concomitant phenomena, during sleep. In: Science 118 (S. 273–274).

Bachmann, I. (1953): *Die gestundete Zeit*, Gedichte. München, Piper.

Bell, J. & McGregor, I. (1994): Breaking free from Myths that Restrain us. In: Journal of Dementia Care 2,4 (S. 14–15).

– (1995): A Challenge to Stage Theories of Dementia. In: Kitwood, T. & Benson, S. (eds.): *The New Culture of Dementia Care* (S. 12–14), London, Hawker Publications.

Ciompi, L. (1982): *Affektlogik.* Stuttgart, Klett-Cotta (5. Auflage 1998).

Feil, N. (1982): *Validation – The Feil Method.* (1992) rev. 2nd edition. Cleveland, Feil Productions. Deutsch (1990): *Validation. Ein neuer Weg zum Verständnis alter Menschen.* Wien, Altern und Kultur. (2000a): *Validation: Ein Weg zum Verständnis verwirrter alter Menschen.* München, Reinhardt.

– (1993): *The Validation Breakthrough.* Cleveland, Health Professions Press. Deutsch (2000b): *Validation in Anwendung und Beispielen – der Umgang mit verwirrten alten Menschen.* München, Reinhardt.

Fosshage, J. L. (2000): Traum, Traumdeutung. In: Stumm, G. & Pritz, H. (Hrsg.): *Wörterbuch der Psychotherapie* (S. 721), Wien, New York, Springer.

Grond, E. (1984): *Die Pflege verwirrter alter Menschen. Psychisch Alterskranke und ihre Helfer im menschlichen Miteinander.*(1992): 7., aktualisierte Auflage. Freiburg i. Br., Lambertus.

Gross, P. (2004): Die Schweiz darf ruhig altern. In: St. Galler Tagblatt, 17.2. 2004.

Hähner, U., Niehoff, U., Sack, R., Walther, H. (1998): *Vom Betreuer zum Begleiter. Eine Neuorientierung unter dem Paradigma der Selbstbestimmung.* Marburg, Lebenshilfe-Verlag.

Irblich, D. (1999): Gewalt und geistige Behinderung. In: Geistige Behinderung 2 (132–145).

Kitwood, T. (1997a): *Dementia reconsidered.* UK-Buckingham, Open University Press. Deutsch (2000): *Demenz. Der person-zentrierte Ansatz im Umgang mit verwirrten Menschen.* (2004): 3., erw. Auflage, Bern, Hans Huber.

– ed. (1997b): *Evaluating Dementia Care: The DMC Method,* 7th edition. Bradford, Bradford Dementia Group.

– & Bredin, K. (1992): Towards a theory of dementia care: personhood and well being. Aging and Society 12 (269–287).

Lempp, R. (2003): *Das Kind im Menschen. Über Nebenrealitäten und Regression – oder: Warum wir nie erwachsen werden.* Stuttgart, Klett-Cotta.

Morton, I. (1999): *Person-Centred Approaches to Dementia Care.* Bicester-Oxon, Winslow Press. Deutsch (2002): *Die Würde wahren. Personzentrierte Ansätze in der Betreuung von Menschen mit Demenz.* Stuttgart, Klett-Cotta.

Müller-Hergl, C. (2003): Nachwort zu Kitwood, T.: *Demenz.* Bern, Hans Huber.

– (2004): Dementia Care Mapping: Wahrnehmen und Beschreiben. In: Dr. med. Mabuse 29, 152 (37–40).

Pörtner, M. (1994): *Praxis der Gesprächspsychotherapie. Interviews mit Therapeuten.* Stuttgart, Klett-Cotta.

– (1996): *Ernstnehmen, Zutrauen, Verstehen – Personzentrierte Haltung im Umgang mit geistig behinderten und pflegebedürftigen Menschen.* (13. Auflage 2019) Stuttgart, Klett-Cotta.

– (2003): *Brücken bauen. Menschen mit geistiger Behinderung verstehen und begleiten.* (5. Auflage 2014) Stuttgart, Klett-Cotta.

Prouty, G., (1994): *Theoretical Evolutions in Person-Centered / Experiential Therapy – Applications to Schizophrenic and Retarded Psychoses,* Westport, Praeger.

– (1994): *Theoretical Evolutions in Person-Centered / Experiential Therapy – Applications to Schizophrenic and Retarded Psychose.* Westport, Praeger.

– (1998): Pre-Therapy and the Pre-Expressive Self. In: Person Centred Practice, Vol. 6, No. 2 (80–88).

–, Van Werde, D., Pörtner, M. (1998): *Prä-Therapie.* (6. Auflage 2019) Stuttgart, Klett-Cotta.

Rogers, C. R., (1942): *Counseling and Psychotherapy.* Boston (Houghton

Mifflin). Deutsch (1972): *Die nicht-direktive Beratung.* München, Kindler.
– (1951): *Client-Centered Therapy: Its Current Practice, Implications and Theory.* Boston, Houghton Mifflin. Deutsch (1972): *Die klientenzentrierte Psychotherapie.* München, Kindler.
– (1959): A Theory of Therapy, Personality, and Interpersonal Relationships, As Developed in the Client-Centered Framework. In: Koch, S. (ed.): *Psychology: A Study of a Science,* Vol. 3. *Formulations of the Person and the Social Context* (184–256). New York, McGraw-Hill.
– (1964): Toward a Modern Approach to Values: The Valuing Process in the Mature Person. In: Journal of Abnormal and Social Psychology, Vol. 68, No.2 (160–167).
– (1961): *On becoming a Person.* Boston, Houghton Mifflin. Deutsche Ausgabe: *Entwicklung der Persönlichkeit.* Stuttgart, Klett-Cotta, 1973 (15. Auflage 2004).
– (1969): *Freedom to learn.* Columbus (Charles E. Merill). Deutsch (1974): *Lernen in Freiheit,* München, Kindler.
– (1970): *On Encounter Groups.* New York, Evanston, London, Harper & Row. Deutsch (1974): *Encounter-Gruppen.* München, Kindler.
– (1977): *On Personal Power.* New York, Delacorte. Deutsch (1978): *Die Kraft des Guten.* München, Kindler.
– (1980): *A way of Being.* Boston, Houghton Mifflin. Teile davon Deutsch (1981): *Der neue Mensch.* Stuttgart, Klett-Cotta (7. Auflage 2003).
– (1982): *Freedom to learn for the 80's.* Boston, Houghton Mifflin. Deutsch (1984): *Freiheit und Engagement.* München, Kösel.

Stierlin, H. (1981): Die »Beziehungsrealität« Schizophrener. In: Psyche 45 (S. 49ff.).

Straubhaar, T. (1993): Demographische Entwicklung: Problem oder Phantom? Referat anläßlich der Jubiläumsveranstaltung 50 Jahre Arbeitsrechtliche Vereinigung, am 19.8. in Hamburg.

Van Werde, D., Morton, I. (2002): Die Bedeutung von Proutys Prä-Therapie für die Demenzpflege. In: Morton, I.: *Die Würde wahren. Personzentrierte Ansätze in der Betreuung von Menschen mit Demenz* (189–221). Stuttgart, Klett-Cotta.

Watzlawick, P. (1976): *Wie wirklich ist die Wirklichkeit? Wahn. Täuschung. Verstehen.* München, Piper.